마케터의 팔리는 글쓰기

마케터의
팔리는
글쓰기

20년 차 문학동네 마케터의 영업비밀

정민호 지음

차례

하나의 글로 수천 권의 책을 판 순간	7
출판사에서 마케팅 업무를 한다는 것	17
효과적인 마케팅이 되는 글의 의미	27
마케팅 업무는 계속 변해야 한다	53
마케팅적 성과를 내는 좋은 글의 비밀 ① 니즈를 충족해주기	71
마케팅적 성과를 내는 좋은 글의 비밀 ② 잊었던 니즈를 찾아주기	85
마케팅적 성과를 내는 좋은 글의 비밀 ③ 안전욕구에서 벗어나기	95
마케팅적 성과를 내는 좋은 글의 비밀 ④ 어떻게든 장점을 찾아내 강조해라	101

| 마케터의 자기소개법 | 109 |

| 글은 어떻게 마케팅 트렌드가 되었나 | 119 |

| 글을 더 잘 쓰고 싶다면
답은 필사다 | 129 |

| 출판계의 혁신, 도서정가제의 등장 | 137 |

| 흐름은 변한다, 그것을 인정해야 한다 | 149 |

| 글만 중요한 게 아니다,
인기 있는 제목의 흐름도 파악해야 한다 | 159 |

| 트렌드는 변한다, 그 가운데 글쓰기는 한결같다 | 165 |

| 오늘부터 플랫폼에서 글쓰기를 한다면 이것을 기억하자 ①
콘셉트와 캐릭터 | 179 |

| 오늘부터 플랫폼에서 글쓰기를 한다면 이것을 기억하자 ②
어그로는 금물 | 189 |

| 오늘부터 플랫폼에서 글쓰기를 한다면 이것을 기억하자 ③
질문이 중요하다 | 195 |

| 마케터가 그런 거까지 해야 하나요?
네, 그리고 이런 것도 해야 합니다 | 201 |

| 글쓰기를 좀더 풍성하게,
콘텐츠를 좀더 다채롭게 만드는 법 | 209 |

| 글 하나로 마음을 움직인다는 것 | 219 |

하나의 글로
수천 권의 책을 판 순간

2008년이었다. 당시 나는 퇴근 후 읽은 책의 문장이나 리뷰를 블로그에 기록하고 있었다. 5월 7일 '2008 상반기 스릴러 Best 3!'라는 포스트에 네이버 계정의 댓글이 달렸다. "★네이버 메인 페이지의 '감성지수 36.5' 코너에 소개되었습니다! :)★"라는 내용이었다. 내가 쓴 블로그 글이 어딘가에 노출되나 정도로 생각했다. 블로그가 꽤 활성화됐던 시기라, 포털사이트나 온라인 서점 등에서 블로그의 여러 글들을 소개하던 터였기에 큰 의미를 두지 않았다.

회사에서 업무를 하는데 온라인서점에서 전화가 왔다. 『검은 선』 판매가 갑자기 오르고 있는데 무슨 일인지 아느냐는 문의였다. 『검은 선』이라면 블로그 글에서 소개했던 책이었다. 다만 그 글 때문에 책 판매가 오른다고? 싶었다. 아무리 생각해도 설마설마했다. 다른 서점에도 전화해 『검은 선』 판매가 늘었는지 물어봤다. 마찬가지였다. 그곳에서도 무슨 연유인지 아느냐는 질문을 받았다. 국내에 알려지지 않은 작가의 책이 단기간에 판매가 상승하는 경우는 언론이 크게 소개하거나, 방송에서 연예인이 언급하거나, 정치인이 추천한 경우였다.

아무리 찾아도 『검은 선』의 판매 이유는 보이지 않았다. 퇴근을 앞둔 무렵 재고량을 물어보는 전화가 오기 시작했다. 판매 조짐이 심상치 않았다. 혹시나 하는 마음에, 포스트에 함께 소개한 책들의 판매도 오르는지 문의했다. 나는 세 권의 책을 Best 3라고 해서 추천했던 터였다. 맞았다. 블로그에 소개한 책들이 동시에 판매가 상승하고 있었다.

다음날부터 북마케팅을 시작하고 처음 겪는 일을, 꽤 멋진 일을 경험하게 됐다. 2008년 3월에 출간한 『검은 선』은 두 권 합쳐서 3400여 권이 판매되었다. 블로그 글이 화제가 된 5월 이후로는 3개월 동안 7500권 이상이 판매되었다. 어떠한 광고 없이 블로그 리뷰 하나가 판매를 100퍼센트 이상 신장시켰다. 매출로 생각하면 2100만 원 정도를 추가로 일으킨 셈이다.

> 연쇄살인마의 분노는 무엇을 일으키는가? 『검은 선』의 주인공에게는 미안한 말이지만, 놀라울 정도로 강렬한 서스펜스로 읽는 사람을 꼼짝 못 하게 한다. 눈 한 번 돌리기 어려울 정도로 그 놀라운 흡인력이라니!
>
> 하기야 그것은 '절대악'의 범죄가 공개되는 순간부터, '검은 선'의 의미가 수면에 떠오르는 순간부터 그랬지만, 연쇄살인마가 돌아온 이후는 그 정도가 장난이 아니다. 글자와 글자 사이에 숨겨진 공포는 매

> 순간 소름끼치게 만들면서도 한편으로는 밤을 새우게
> 만든다.

처음 겪는 일이라 '정말 이것이 맞나' 하는 생각을 했던 것이 사실이다. 그래도 혹시 이게 맞다면 '내가 하는 일에 글을 어떻게 활용할 수 있을까'를 고민할 수밖에 없었다. 그때 함께 일하던 선배가 흥미로운, 나에게 무척 중요한 이야기를 했다. 그 글에서 중요한 건 세 권의 책이 아니라고. 첫 문단이 가장 주효했으니 그 문단의 의미를 파악해보라는 것이었다.

> 대한민국을 주름잡던 스릴러는 단연 미야베 미유키의
> 『모방범』이었다. 일본에서만 280만 부 팔렸다고
> 하는데 우리나라에서도 그 인기가 대단하다. 누구든지
> 스릴러를 논할 때, 이 소설을 빼놓고 말을 하면
> '무식하다'는 소리를 듣는다. 스릴러도 예술이 될 수

있음을 보여줬으니 그 품격이 오죽하겠는가.

그런데 『모방범』의 위치가 흔들거리고 있다. 올해 들어 『모방범』에 도전장을 내민 세 개의 스릴러가 만만치 않은 저력을 보여주고 있기 때문이다. 그들은 누구인가? 장 크리스토프 그랑제의 『검은 선』, 막심 샤탕의 『악의 영혼』, 스콧 스미스의 『폐허』가 바로 그 주인공이다.

『모방범』은 세 권으로 구성된 두툼한 사회파 미스터리다. 2008년은 히가시노 게이고가 인기를 끌기 시작하고, 이어서 미야베 미유키가 일본 미스터리의 대표작가로 알려지던 때였다. 나는 『모방범』이 굉장한 소설이라고 생각해서 앞의 표현을 썼다. 직전에 『모방범』 세 권은 한 달에 2500여 권 판매됐는데, 글이 노출된 다음날부터 한 달 동안 6400권 이상이 팔렸다. 『검은 선』의 판매 상승치보다 더 높은 수치였다.

그럼에도 '정말 글 하나 덕분에 책이 팔리는 걸까' 하는 의심을 버릴 수가 없었다. 누군가가 한 권의 책을 산다는 건 굉장히 신중한 일이다. 그런데 글 하나로 몇천 명의 마음을 움직여 몇천 권을 사도록 할 수 있다고? 나는 무심코 댓글을 달았던 네이버 계정을 눌렀다. 계정의 블로그에 들어가보니, 블로거들이 자신이 쓴 글을 노출해달라고 신청하는 카페가 소개되어 있었다.

테스트가 필요했던 나는 며칠 후 '무한감동 100퍼센트! 상반기 소설 Best 7'이라는 글을 올리고, 해당 카페에 노출을 신청했다. 다음날 또다시 네이버에 노출된다는 댓글이 달렸다. 그 글에서 내가 첫번째로 소개한 책은 코맥 매카시의 『로드』였다.

> 소설의 역할이 뭐냐고 묻는다면, 나는 그 첫번째로 '감동'을 뽑겠다. 당연한 것 아닐까? 감동이 없는 소설은 읽고 나면 끝이다. 오히려 '소설'이라는 것이 재미없다는 생각만 한다. 하지만 감동적인

> 소설은 어떤가? 읽는 동안이 행복하고, 읽고 나서도 뿌듯해진다. 별것 아닌 것 같지만 사는 데 큰 도움을 준다는 생각이 드는 것, 그게 바로 감동적인 소설이다.
> (…)
> 『눈먼 자들의 도시』의 감동과 『나는 전설이다』의 아찔함과 『남한산성』의 카리스마를 지닌 『로드』, 소설 속의 그들은 신이 있다면 구원해달라고 했을 텐데, 나는 신이 있다면 이렇게 외칠 것이다. "올해가 가기 전에 이런 소설 한 번만 더 보게 해주세요!"

첫번째의 경험과 마찬가지로 수많은 댓글이 달렸다. 무수한 사람들이 글을 담아간다는 댓글을 남겼고 서점에서는 책의 판매가 오르기 시작했다. 공교롭게도 그날, 『로드』는 우리나라에서 가장 많은 사람들이 보는 언론사에 서평이 실렸을 뿐 아니라, 온라인서점의 타깃메일이 독자들에게 발송되었다. 가장 많이 보는 포털사이트의 방문자와 신문의 구독자, 그리고 문학

독자들에게 『로드』가 대대적으로 등장한 날이었다. 그로부터 일주일 후 책은 예스24 종합 1위에 올랐다.

출판사에서
마케팅 업무를 한다는 것

출판사에 입사한 건 2006년 12월이었다. 마케팅이라고 하면 막연하게 책을 홍보하는 일이라고 생각했다. 평소 책을 좋아했고, 독서의 경험을 누군가와 공유하는 일이 즐거웠던 터라 문학동네에서 채용공고가 났을 때 고민하지 않고 지원서를 제출했다.

    면접을 보던 중 면접관이 나에게 '혹시 편집자를 해보고 싶은 생각이 없느냐?'고 물었다. 그 질문이 어떤 의미였는지는 여전히 모르겠다. 전공 같은 문제는 아니었던 것 같다. 옆에서 면접 보던 분과 다르게 내가 책의 힘을 거듭 강조해서 그랬는지도 모르겠다. 나는 그때도 지금도 책의 힘을 믿는다. 책을 통해 내가 살아가는 데 중요한 결정을 내린 적이 있기 때문이다. 그 경험 이후 '이 책을 조금만 빨리 만났더라면, 내 삶이 좀 더 일찍 평온해질 수 있지 않았을까' 생각했다. 나는 그 책을 늦게 접한 이유가, 출판사가 마케팅을 못해서라고 여겼고 그래서 마케터가 되어 직접 마케팅을 해야겠다고 결심했다. 물론 그런 말을 면접 때 제대로 하지는 못했다. 어버버하면서 책을 알리고 싶다는 말만 반복했다.

면접이 끝날 때쯤 다른 면접관이 "편집자가 어울릴 것 같은데요, 한번 생각해볼래요?"라고 했다. 그 질문을 듣고 떨어졌구나 했다. 아마도 완곡한 거절의 의미가 아닐까 싶었다.

다행히 합격 통보를 받았다. 첫 직장이었고, 꿈꾸던 일을 하게 됐다는 기쁨에 많은 사람들이 그렇듯 굉장히 설렜고 또한 떨렸다. 잘하고픈 마음도 컸다. 출근이 확정된 다음에서야 비로소 포털사이트에 '출판사 마케팅' '마케터' '북마케팅'을 검색해봤다. 이상했다. 출판사들이 출간한 '마케팅' 도서들이 검색에 잡힐 뿐 북마케팅에 대해 실질적인 정보를 알려주거나, 현장에서 일하는 이들의 글은 거의 찾을 수 없었다. '출판사라면 글을 굉장히 중요하게 다룰 텐데 왜 관련 글이 이리도 없을까' 하는 의문이 들었다. 며칠 만에 그 이유를 알 수 있었다. 2006년을 지나 2007년, 출판사 마케팅이라는 것이 사실상 이제 막 태어난 시기였다. 내가 입사한 출판사도 영업부라는 조직을 변경해서 마케팅팀을 만든 지 얼마 안 된 상태였다.

당시 문학동네는 신입사원들이 들어오건 우선 일주일 동안 물류창고로 보냈다. 반품되는 도서가 얼마나 많은지 보여주기 위해서였다. 반품이라는 개념도 모르던 시절이었다. 물류창고 부장님은 책을 못 만들고 못 팔면 이렇게 반품되어 손해가 커진다고 설명했다. 나와 함께 입사한 동기들은 설렘을 뒤로하고 엄숙한 마음으로 출퇴근을 하게 됐다.

이후 선배가 내게 지시한 업무는 한 달 동안 매일 광화문과 종로로 가서 대형서점의 구조를 외우라는 것이었다. 오전에는 파주로 출근해 회사에서 일을 배우고 오후에는 서울로 나가 서점이 어떻게 생겼고, 어디에 무슨 코너가 있고, 장르별 비중이 얼마나 되는지를 파악하고 암기했다. 첫 사수가 했던 말이 지금도 기억난다. 눈감고도 서점을 그릴 수 있을 정도가 되면 그만 가도 된다던 이야기. 보통 서점에는 신간을 소개하기 위해 방문한다. 그런데 나는 별다른 용건도 없이 매일 찾아가니, 지금은 사라진 반디앤루니스의 직원이 "혹시 여기 좋아하는 사람 있어요? 왜 맨날 와요?"라는 질문을 조심스럽게 건네기도 했다. 팀장님에게 '서점이 이렇게 생겼다'라고 구체적으로 설명하게 되었을 때, 광화문과 종로의 서점 방문은 비로소 마무리됐다.

다음으로 일산, 안양, 안산 지역의 중형서점을 가서 전체적으로 책이 몇 권 있고, 그중 문학동네 책은 몇 권인지를 한 달 단위로 정리하라는 업무가 떨어졌다. 안양, 안산 지역을 맡긴 이유는 내가 살던 곳이 그 부근이라 그랬던 것 같다. 어쨌든 한 달마다 보고서를 만들었다.

그러는 사이 회사에서 여러 작가의 책이 나왔다. 서울 시내의 대형광고 자리를 찾고, 오프라인서점에서 사인회를 진행했다. 이제껏 온라인서점에서 사람들의 리뷰와 블로거들의 위시리스트를 보면서 책을 사던 나로서는 괴리감이 느껴졌다. 예상과 뭔가 좀 다르다는 느낌이랄까.

나는 마케팅이라고 하면 독자들을 대상으로 홍보하는 일이라고 생각했다. 그러려면 보도자료를 멋지게 쓰거나 기자들에게 책을 건네는 일이 중요하다고 여겼는데, 당시 출판계에 마케팅이라고 하는 것은 사실상 전무했다. 대세는 영업이었다. (영업이라고 해서 동네 방문판매와 같은 그런 것은 아니다.) 출판사에서 영업이라는 것은 유명 작가의 책을 전국 서점에 많이 퍼뜨리고, 주요 신문과 교보문고 광화문점같이 큰 서점에서 광고를 대대적으로 하는 것이었다. 책의 힘에 큰 의미를 두지 않았고, 무슨 내용을 다루는 책인지도 그리

중요하게 여기지 않았다. 어떤 기회로 유명해진 작가의 책을 더 많이 팔리게끔 하는 일이 중요했다. 그런 상황에서 인지도가 없는 작가를 알리기는 어려웠다. 어떤 이야기를 하는 책인지를 설명할 기회도 없었다.

출판사의 영업은 '말'이 중요했다. 더 크게, 더 화려하게 책을 포장해서 말할 줄 알아야 했다. 오프라인서점을 매일 방문하고, 예스24라는 온라인서점의 담당자로 여의도를 찾으면서 확실히 깨달았다. 당시 일에서 중요한 포인트는 짧은 순간에 책을 각인시켜야 한다는 점이었다. 예컨대 이런 것이다. 오프라인서점이든 온라인서점이든 관계자를 만나 짧은 시간 동안 책을 소개한다. 길면 20분 정도, 짧으면 10분일 때도 있다. 그 시간 안에 이 책이 왜 잘 팔릴 책인지를 어필해야 했다. 문제는 나와 같은 입장의 사람들이 뒤에서 소위 번호표를 뽑고 기다리고 있다는 것이었다.

내가 신진 작가의 책을 10분, 혹은 20분 동안 열변을 통해 설명한다. 그리고 서점 직원에게 꼭 읽어보라고 말한 뒤 자리에서 일어난다. 다음으로 미팅하는 타사 직원은 전작이 10만 부 팔린 작가의 책이 나왔다고 이야기한다. 그런 상황이면 누구나 후자의 책을 기억할 확률이 높은데, 어떻게든 우리 책이 각인되도록 최대한 더 멋지게, 화려하게 말해야 하는 것이 중요해 보였다.

'과연 내가 잘할 수 있을까?' 아주 충분히 생각한 후 천천히 말하는 내가 그런 일을 할 수 있을 리 없었다. 면접관들이 왜 내게 편집자를 해볼 생각이 없냐고 물었는지, 편집자에 어울린다고 한 이유가 뭔지, 출근한 지 얼마 되지 않아 바로 이해가 됐다. 내가 잘할 수 있을까, 하는 생각이 드는 건 당연한 일이었다. 문학동네에 입사한다고 했을 때, 서평을 쓰며 친해진 선배가 했던 말이 떠올랐다.

"출판사 마케팅은 생명이 너무 짧은데…… 편집자를 지원했어야지."

효과적인 마케팅이 되는 글의 의미

블로그에 쓴 글로 책이 판매된다는 것, 그 사실은 꽤 매력적이었다. 나는 일주일에 한 번씩 노출을 신청했고 많은 글이 포털사이트 메인에 노출되었다. 메인에 소개되면 블로그 방문자 수가 하루 10만 명 내외였다. 영화나 시사 이슈에 대한 블로그 글에 비하면 수가 적다고 할 수 있겠으나, 책에 관한 글이라는 사실을 알고 들어온 사람들임을 고려해보면 결코 적은 숫자가 아니었다.

    6개월 정도 블로그에 글을 쓰자 막연했던 것들이

명확하게 보이기 시작했다. 구매를 일으키는 글과 그렇지 않은 글의 차이랄까. 때론 10만 명이 방문해서 읽는 글보다 1만 명이 방문해서 읽는 글이 더 파급력이 큰 이유를 조금씩 알아가게 됐다.

공유되는 글, 유혹하는 글인가

블로그의 담아가기(퍼가기)는 자신의 블로그에 해당 글을 게시한다는 뜻이다. 즉 퍼간다는 것은 내 블로그 이웃들이나 방문자들에게 소개할 만한 글이라 여긴다는 의미다.

    방문자 수 10만 명을 이끈 글이 있고, 5만 명을 이끈 글이 있다고 하자. 방문자 수 10만 명의 글은 퍼간 횟수가 100회 안팎이고, 5만 명이 본 글의 퍼간 횟수는 500회라고 해보자. 이럴 때 블로그를 알리고 싶은 사람은 전자가 좋겠지만, 마케터 입장에서는 후자가 확실히 더 좋다. 퍼간 횟수가 많으면 그 글을 신뢰하는 사람이 많다는 의미이며, 그만큼 공유되고 확산될 가능성이 높기 때문이다.

그렇다면 퍼가는 글이란 어떤 글일까. 책에 대한 글의 경우는 콘텐츠가 충실하며 또한 분명해야 한다. 노벨문학상 역대 수상작가들을 소개하는 글들을 예로 들어보자. 가장 흔한 유형은 첫해부터 지금까지 역대 노벨문학상 수상작가들의 이름을 영문으로 쭉 나열하는 내용이다. 이런 글은 마케터 입장에서는 안타까움을 느낀다. 이 정도 노력을 담아 쓴 글이라면 조금만 더 신경쓰면 콘텐츠가 훨씬 충실해지기 때문이다.

작가들의 이름만 나열하는 데 그치지 않고 그들의 작품 중 한국에 소개된 책을 더해주면 콘텐츠의 가치가 달라진다. 한발 더 나아가 그 작품들에 대한 코멘트까지 남겨주면 금상첨화다. 사실 등을 나열하는 글은 그야말로 단순한 정보성 글이다. 글로 사람의 마음을 훔치고픈 마케터라면 좀 다르게 써야 한다.

이런 제목, 예컨대 '서가에 꽂아만 두어도 빛나는 노벨문학상 Best 10'이라면 어떨까. 노벨문학상 수상

작가들의 이름만 정리한 글보다 확실히 퍼가기 좋은 글이 아닐까. 글의 의미가 '분명'하다는 건 이래서 중요하다. (사실 이 글은 실제로 블로그에 올렸는데, 상당한 논쟁이 되었다. 노벨문학상은 작가에게 주는 것인데 작품에 주는 것처럼 보일 수 있다는 점, 또한 대단한 권위의 상과 관련해 임의대로 'Best'를 뽑은 점 때문이었다. 댓글이 380개가 붙고 이런저런 의견이 많았지만, 충분히 예상했던 반응이었다. 또한 입문자에게 소개한다는 의미였기에 대체적으로는 우호적인 의견이 많았다.)

이번엔 무라카미 하루키의 글에 대한 포스트라고 해보자. 하루키가 작가가 된 이후부터 지금까지의 출간 순서대로 소개하는 건 단순히 정보를 나열하는 글이다. 작품을 특정 키워드, 혹은 눈에 띄는 사실 중심으로—예컨대, 하루키 소설 속 '재즈' 혹은 '술'이라는 키워드로 소개하거나 해외에서 받은 주요 문학상으로 작품을 말하는 것이 좋다. 혹은 무라카미 하루키는 '문장'이 뛰어나다는 점을 내세워 '하루키의 문장 Best'를 소개하는 콘셉트로 하고 그 문장이 담긴 책을 자연스럽게 언급하면, 그 글은 콘텐츠가 또렷하며 분명해진다.

고전을 소개할 때도 비슷하다. 고전이라고 하는 책은 얼마나 방대한가. 그것을 각 나라별로, 혹은 그저 중요한 책이라는 이유로 소개하는 글들이 많다. 그보다는 '100년이 지나도 빛이 바래지 않을 감동의 고전들' '세 번 읽어야 진짜 재미를 알 수 있는 알짜배기 고전들'과 같은 콘셉트의 글이 사람들을 유혹한다. 사람들이 많이 담아가는 글이 좋은 글이다. 사람들을 설득하고 유혹하는 글이기 때문이다.

개인적 감상이 중요하다
그것이 객관적으로 들어가면 더 좋다

글을 찾아 읽는 사람들은 굉장히 똑똑하고 냉정하다. 굳이 귀한 시간을 들여 읽으려면 그만한 이유가 있어야 한다. 마케터의 글은 그 이유를 만들어내야만 한다.

나는 글을 쓰면서 정보라고 생각했던 것들의 나열은 큰 효과가 없다는 사실을 알게 됐다. 단순한 정보나 지식은 내 글이 아니더라도, 포털사이트에서 검색하면 언제든 얻을 수 있다.

그래서 정보를 넘어서는 개인적 감상이 필요할 때가 있다. 그 감상이란 지극히 개인적인 경험에서 나오기도 한다. 한번은 블로그에 올린 개인적인 글을 읽고 평소 연락이 뜸했던 친구가 '잘 읽었다'고 연락해와 놀란 적이 있다. 나는 김애란 작가의 소설을 좋아했는데, 그 책에 대한 소감을 블로그에 올렸다.

> 단편의 제목은 「입동」이었다. 나는 소설을 읽고 '아……' 소리를 크게 냈다. 옆에서 왜 그러냐고 물었다. 나는 너무 슬퍼서 그렇다고 말했다. 아내가 읽어봐도 되겠냐고 해서 나는 줄거리를 설명하겠다고 했다. '내가 이러한데 그녀는 오죽할까' 하는 마음이었다.
> (…) 나는 이 줄거리를, 여기서는 차마 쓰지 못한

마지막 장면들까지 아내에게 설명했다. '그 순간'을 이야기하다가 울컥해서 눈물을 닦았는데, 돌아보니 아내가 계속 울고 있었다. 울지 말라고, 이건 다 소설일 뿐이라고 몇 번이나 이야기하며 달랬는지 모른다. 그날은 더이상 소설을 읽을 수 없어서 다음날 또다른 단편「어디로 가고 싶으신가요」를 읽었다. 조용히 읽으려고 했는데 이 단편을 읽은 후에도 나는 또 어떤 소리를 냈나보다. 아내가 이야기를 해달라고 했다. (…) 이 줄거리를 설명했을 때도 아내가 울었다. 우리는 참 감정에 몰입했던 것 같다. 우리는 이렇게 헤어지는 일이 없을 거라고, 이렇게 슬픈 일을 겪지 않을 거라고 말하고 또 말했다. 그러고 나서야 나는 다른 단편을 읽었다. 읽으면서 생각했다. 김애란의 소설이 여기까지 왔구나, 가슴을 아주 휘어잡는 지점에 이르렀구나 내가 읽던 이 작가의 소설들을 완전히 뛰어넘었구나.

나는 책을 읽으며 겪은 경험을, 그리고 솔직한 감

상을 썼을 뿐인데, 많은 사람들이 이 책을 읽어보겠다는 댓글을 달았다. 김애란이라는 작가가 얼마나 대단한지, 이 책이 왜 놀라운지를 직접적으로 설명했을 때와는 확실히 다른 반응이었다.

물론 모든 책을 매번 이런 식으로 개인적 경험을 더해 쓸 수는 없다. 그럴 때는 개인적 감상을 객관적으로 설명하는 방법이 효과적이다. 미야베 미유키의 『화차』를 알리고 싶을 때가 있었다. 이 소설이 얼마나 멋지고 슬픈 스릴러인지를 어필하고 싶었는데, 영화 이슈가 있어서인지 이미 비슷한 감상이 넘치고 있었다. 그래서 객관적인 데이터를 찾기 시작했다. 그 과정에서 일본에서 발표한 미스터리 랭킹을 발견했고, 1위가 『화차』라는 사실을 알게 됐다.

'이 미스터리가 대단하다' 20주년 기념 총결산을 진행했다. 독자들이 직접 20년 동안 나온 추리소설들 중에서 진정한 Best를 가려보자는 것이다. 국내에는

그 결과가 잘 알려지지 않은 것 같아 여기에 그것을 소개해본다. 2008년에 선정한 자료라고 옛것이라 생각하지 마시라- 현대 일본 추리소설을 총망라하는 멋진 작업이다. 추리소설을 좋아하는 사람들이라면 더욱 주목해보시기를!

* 국내에 출간되지 않은 작품은 소개하지 않습니다.

미스터리 랭킹은 글에서도 밝혔듯 과거의 데이터였다. 그러나 시점은 중요하지 않았다. 그 자료는 '국내에 잘 알려지지 않았고', 그러니 충분히 퍼갈 만한, 콘텐츠가 충실한 글이었기 때문이다. 나는 일부러 20위부터 역순으로 소개했다. 사람들이 마우스를 내리며 1위에 대한 기대감을 갖게 되리라는 예상이었다. 더불어 각각의 작품을 단순하게 소개하는 것은 의미가 없는바, 작품마다 코멘트를 달아 흥미도를 더욱 끌어올리고자 했다.

> 사회파 추리소설의 대모격인 『화차』(1992)가 1위에 올랐다. 이 추리소설이 1위에 오른 이유는 뭘까? 자본주의의 어두운 측면을 서글프도록 오싹하게, 그리고 가슴 시리도록 감동적으로 그려냈기 때문이 아닐까? 추리소설이 단지 오락만 추구한다는 편견을 깨뜨리며 사회파라는 장르를 세상에 본격적으로 알린 『화차』는 그래서 높은 평가를 받는 것일 게다. 국내에서 김민희가 주연을 맡아 영화로 만들어지기도 했던 『화차』, '명불허전'이라는 수식어가 무색지 않은 추리소설이다.

'서글프도록 오싹하게' '가슴 시리도록 감동적으로' '사회파라는 장르를 세상에 본격적으로 알린' '명불허전이라는 수식어가 무색지 않은'이라는 표현은 순전히 내 감상이다. 일본에서 미스터리 랭킹을 발표할 때 어떤 표현을 썼는지, 『화차』에 대해 어떤 평가들이 있었는지 나는 알지 못했다. 어차피 내 글을 읽은 사람들에겐 1위라는 데이터, 그리고 전문적이진 않더라도 오직 이 글에서만 접할 수 있는 내 감상이 중요하리라 생각했다.

만약에 '미스터리 랭킹 1위'라는 팩트 없이, 저런 표현을 그대로 썼다면 어떨까. 누군가는 좋게 봐줄 수도 있지만, 누군가는 1992년에 나온 소설을 두고 이렇게까지 극찬하는 데에 의문이나 반감을 가질 수 있다. 혹은 아무 감흥이나 감정을 느끼지 않을 수도 있다. '20주년을 결산했다, 그중 1위다'라는 사실 하나가 글의 무게감을 바꾸었다. 조금의 정성을 쏟을 때 글은 더 유혹적으로 바뀔 수 있음을 보여주는 사례다.

시의성이 중요하다, 없다면 만들어야 한다

나는 1월에 쓴 글과 3월에 쓴 글, 또한 7월에 쓴 글의 콘셉트가 각기 달라야 한다고 생각한다. 시의성이 중요하기 때문이다. 화이트데이, 밸런타인데이, 비 오는 날, 눈 오는 날, 가족의 달, 일 년 중 가장 더운 날 등 시기와 상황에 맞춰 글을 써야 한다. 글에 시의성이 있고 없고의 차이는 아주 크다.

시의성을 염두에 두고 쓴 몇몇 사례를 소개한다. 3월 7일 '화이트데이 때문에 고민하는 남자를 위한 책'이라는 글을 썼고 곧 네이버 메인에 노출됐다.

> 내 주위에는 화이트데이 때문에 고민하는 남자들이 많다. 어떤 선물을 줄 것이냐도 고민스럽지만 그것으로 어떻게 마음을 표현할지 모르기 때문이다. 그러다보니 길거리에서 파는 화려한 사탕바구니나 액세서리를 사서 그냥 건네주기만 한다. 물론 이런 경우 여성들은 십중팔구 실망한다. 선물에 마음이 없기 때문이다. 그러다보니 남자들도 흥이 깨지기 마련. 이것이 몇 년이나 반복되다보니 남자들은 고민할 수밖에 없는 게다.

> 나는 이런 친구들에게 책을 함께 선물해보라고 권한다.
> 첫 장에 예쁜 글씨로 마음을 적어 건네주는 책만큼
> 진심을 전해주는 선물도 없다. 책의 주인공들이
> 도와주기 때문이다. 물론 아무 책이나 선물하면 안
> 된다. 역효과 난다. 그래서 나는 남자의 지고지순한
> 사랑과 쉽게 변하지 않는 사랑을 그린 책들을 권한다.
> 첫 장에 마음을 담아 다른 선물과 함께 준다면
> 화이트데이가 더 달콤해질 거라 믿고 선물하기 좋은 책
> List를 포스팅해본다.

이 글에서는 두 권을 소개하는 데 집중했다. 첫번째로 소개한 책은 『오스카 와오의 짧고 놀라운 삶』이었고, 두번째로 소개한 책은 『심장의 시계장치』였다. 첫번째 책은 퓰리처상 수상작으로 꽤 열심히 홍보했는데 책을 읽고 리뷰를 남긴 독자들의 반응을 보면 '사랑'은 크게 부각되지 않았다. 출판사 마케팅 방향도 마찬

가지였다. 그럼에도 "『오스카 와오의 짧고 놀라운 삶』은 강렬하다. 사랑 때문에 모든 것을 포기하는, 무모한 남자의 순애보를 생생하게 그렸기 때문이다. 단지 강렬하기만 한가? 애틋하다. 죽더라도 그녀의 얼굴 한번 보겠다는 그 마음이, 고문당하더라도 그녀의 미소 한번 보면 족하다는 그 마음이 가슴을 파고든다. 이 책이라면 마음을 전하는 데 부족할 것이 없을 것이다"라는 문구가 통했다. 이 책은 글이 소개된 이후 동기간 비교해서 세 배가 좀 넘게 팔렸다.

두번째로 소개한 『심장의 시계장치』는 글을 쓰기 전 일주일에 60부 정도 팔렸지만 글이 노출된 이후 5일간 650여 부가 팔렸다. 열 배가 좀 넘게 팔렸다는 의미. 이 열 배의 의미를 구체적인 수치로 바꿔보면 약 500만 원이다. 타이밍에 맞춰 글을 써서 500만 원을 더 벌 수 있었다는 뜻이다.

> 우연히 보게 된 소녀에 잭은 첫사랑에 빠지고
> 시계는 그 두근거림을 감당하지 못한다. 심장발작이

일어난다. 그럼에도 잭은 그 소녀를 포기할 수 없다.
그녀에게 가기 위해 위험천만한 짓을 하고 만다. 사랑
때문이었다.

이 책의 작가는 '사랑이란 위험을 무릅쓰는 것,
불가능한 것을 믿게 되는 마법의 순간'이라고
말한다. 잭의 사랑은 이 말에서 태어난 것이다. 잭은
과연 그녀에게 갈 수 있을까? 심장의 시계장치는
두근거림을 감당할 수 있을까?

동화 같으면서도 판타지스러운, 한편으로는 우화 같은
『심장의 시계장치』 그 내용이나 애틋한 여운을 보건대
이 책 또한 마음을 전해주는 책으로 손꼽을 만하다.

나는 이 책을 소개하는 데 크게 감정을 강조하지도 않았고 수식어를 쓰지도 않았다. 그럼에도 이 글이 열 배의 책 판매를 일으켰던 것은 순전히 시의성 덕분이다. 화이트데이라는 타이밍에 맞추지 않았다면 아마 어떤 영향도 이끌어내지 못했을 것이다.

　　기념일이 아니더라도 그때그때의 상황이나 분위기를 고려한 글쓰기는 중요하다. 이런 글은 특히 도입부를 잘 활용해야 한다. 비가 오는 날이라고 해보자. 그럴 때는 빌헬름 게나치오의 『이날을 위한 우산』을 떠올리며 "자신의 삶이 하염없이 비만 내리는 날일 뿐이고 자신의 육체는 이런 날을 위한 우산일 뿐이라고 느끼는 그런 사람들"이라는 책 속 문구를 서두에 잡고, '그런 사람들'을 위한 책을 소개한다고 하면 글의 효과가 남다르다. (사람들 대부분이 자신이 '그런 사람'이라고 생각하기에 그렇다.) 지금의 상황에 어울리는 문장으로 글을 시작하고 내가 힘줘서 소개하려는 책을 최상단에 소개한다면? 누구도 광고로 보지 않는다. 오히려 공감하며 글을 공유하고 진심으로 책이 궁금해 구입할 확률이 높다.

　　눈이 오는 날에는 첫눈에 대한 시를 인용하면서

시작하는 것이 좋다. 임팩트가 다르다. 시의성은 멈춘 책도 춤추게 한다. 예컨대 『늦어도 11월에는』이라는 소설이 있다. 국내에서는 판매가 저조한 책이다. 하지만 이 책을 11월에 소개한다면 어떨까? 게다가 이 책의 내용은 사랑에 대한 것이다. '크리스마스를 앞두고, 적어도 11월에는 고백할 용기를 얻기 위해 읽으면 좋은 책'이라는 타이틀로 소개한다면? 멈춘 책이 춤출 수도 있다.

책을 소개해야 하는데 적당한 시의성이 떠오르지 않는다면? 그럴 일은 거의 없다. 아니, 없어야 한다. 많은 사람들에게 통하는 키워드는 언제나 시의성이 될 수 있기 때문이다. 내가 자주 사용하는 임의적 시의성은 '오춘기'다. 성인들은 거의 모두 자기가 '오춘기'라고 생각한다. '열정이 사라지고 있어서 고민일 때' 같은 콘셉트도 다들 내 이야기라고 많이들 공감한다.

'오춘기에 빠진 친구에게 권하고 싶은 책 Best 4'라는 제목을 생각해보자. 이건 언제 쓰면 효과적일까? 1월, 12월만 아니면 되는 주제다. 나는 이 주제로 글을 쓸 때 『흐르는 강물처럼』과 『가만히 거닐다』를 소개했다. 글을 쓰기 전후를 비교해보면 『흐르는 강물처럼』은 1300권, 『가만히 거닐다』는 700권이 더 팔렸다. 역시나 글 하나로 500만 원, 1천만 원을 더 벌 수도 있다.

> 여행책입니다. 오춘기에 빠진 친구에게 주기에는 뭔가 이상해 보일 수 있습니다. 하지만 이 책을 읽고 가슴이 벅찼던 저는 이 책이야말로 좋은 선물이자 자극제가 될 거라고 생각했습니다. 왜 그러냐구요? 여행책 하면 보통은 여행지에 대한 찬사와 로망을 늘어놓기 마련입니다.
> 하지만 이 책은 그렇지 않습니다. '여행자'라기보다는 '산책자'로 살아가는 어느 여자의 이야기가 있을 뿐입니다. 이상한 건, 그것이 마음에 와닿는다는 거죠. 여유를 이야기하기 때문일까요? 너무 각박하지 않게, 인생을 산책하듯 가만히 거니는 것에 대해 말하기 때문이 아닐까요?

무언가를 반드시 해야 한다고 생각하는 친구에게 주고 싶은 책입니다. 인생을 산책하도록 살아가라고 말하면서, 천천히 거닐자고 말하면서 건네주고 싶은 책입니다. 책의 내용을 보건대, 누구나 흠뻑 빠질 것 같네요. 여행책으로 어떤 감상을 줘, 마음을 자극시킬 수 있을 거라 생각합니다. (…)
한잔의 술을 마시는 것도 좋고, 세 시간의 수다를 떨면서 기분을 풀어주는 것도 좋습니다. 그리고 잘되기를 바라는 마음으로 책 한 권 권하는 건 어떨까요? 친구가 웃기를 바라며 말입니다. 우정어린 그것이 친구를 낫기 할 수 있을 거라 생각합니다 이 책들이라면, 그럴 수 있을 거라고 자신합니다.

'가출한 열정을 되찾고 싶을 때, 읽으면 좋은 책들'이라는 주제도 언제든 사용할 수 있는 시의성을 갖고 있다. 나는 『소설가의 각오』라는 책을 알리기 위해 이 주제를 사용했고 1400명이 넘는 사람들이 그 글을 퍼갔다. 1400명이 담아간 글을 또 누군가가 가져갔을 것이다. 만약 『소설가의 각오』의 단순한 후기를 소개했다면 전혀 일어날 수 없는 일이다.

> 쓰다. 일본 소설의 거장 마루야마 겐지의 산문집 『소설가의 각오』는 정말 떨떠름하다. 나태해진 작가와 출판계 사람, 작가 지망생들을 향한 그의 말은 통렬하기 이를 데 없다. 그럼에도 그의 글을 계속 읽게 되는 건, 밑줄까지 치며 읽게 되는 건 왜일까. 작가 지망생이 아닌 사람마저도 탄복하게 만드는 이유는 왜일까.
>
> 거장의 글은 '내공'이 있다. 그의 비판은 작가든 아니든 간에 자리에 안주해 만족하는 사람들, 그래서 나태해진 사람들 모두를 향한 것이다. 열정 없이 사는 사람들을 향한 비판이자 분노이자 충고인 것이다. 쓴 약이 몸에 좋다고 하던가. 마루야마 겐지의 글 또한 그렇다. 읽다보면 그의 글이 나태해진, 열정이 사라진 심장을

> 자극하는 보약이라는 걸 본능적으로 알 수 있고 그래서 밑줄까지 치게 되는 것이리라.
>
> 그의 비판은 쓰다. 아주 쓰다. 그러나 그것으로 심장은 다시 뜨거워진다. 소설은 '몸'으로 쓰는 것이라고 하는 마루야마 겐지, 그의 글이 있어 '몸'은 다시 열정을 되찾고 열정적으로 살 수 있게 된다.

2월에 고전을 소개해야 할 일이 있다고 생각해보자. 어울리는 시의성이 있으면 좋겠지만, 없다면 만들어야 한다. 나는 고민 끝에 3월에 개강하는 대학교를 떠올리고 대학생들을 향한 글로 설정했다.

> '고전'이 중요하다는 것은 누구나 인정한다. 하지만 손이 가지 않는다. 왜 그럴까? 고전이 어려운 '옛날 것'으로 여겨지기 때문이다. 또한 읽어야 할 필요성을

머리로는 알지만, 가슴으로는 모르는 것도 한 이유다. 한마디로 어려운 옛날 것이자 남의 것으로 생각되는 것이다.

그런 인식이 안타까운 마음에 '살아 있는' 고전들을 모아봤다. 지금도 꾸준히 회자되는, '현대'에까지 그 문제의식이 전해지고 있는, 말 그대로 살아 있는 고전들이다. 현대인에게 추천하는 고전들인데 특히 대학생들에게 권하고 싶다. 왜 그런가? 직장인이 되면 책 읽을 시간이 정말 없다!!! 새 학기가 시작될 때 공부도 좋고 연애도 좋고 동아리 활동도 좋지만, 이 고전들을 읽어둔다면 알게 모르게 큰 도움이 될 것이다. (안 읽으면 후회할 날이 옵니다-.-)

자, 그럼 시작해보자. 대학생에게 추천하는 '살아 있는' 고전들과의 즐거운 만남 속으로!

이 글은 1천 명에 가까운 사람들이 담아갔다. 글을 가져간 사람들은 모두 대학생일까? 그럴 리가 없다. 처음부터 그들을 대상으로만 쓴 글도 아니다. '대학생'은 시의성을 위해 사용한 단어였다. 만약 개강, 신학기라는 시의성 없이 2월에 갑자기 '살아 있는' 고전들을 읽자고 하면? 그 글은 좀 공허해질 수 있다. 전달력이 달라지는 것이다.

마케팅 업무는 계속 변해야 한다

나는 책을 읽거나 글을 쓰는 건 퇴근 후 집에서 했다. 회사에서 책 읽고 글쓴다는 건 상상도 못 했다. 출판사라고 하지만 분위기가 그랬다. 책은 출퇴근길이나 외근을 나가는 버스 안에서 어찌어찌 읽을 수 있었으나, 책을 소개하는 글을 쓰는 건 집에서나 가능했다. 업무시간에 하겠다는 동의를 구할 엄두도 못 냈다. 그도 그럴 것이 당시에는 대형서점의 매장 구조를 익히고 오프라인서점을 돌아다니는 것이 출판 마케터의 중요한 업무로 생각되었기 때문이다. 그리고 무엇보다 마케터가 뭘 쓴다는 개념 자체가 없었다. 출판사의 홍보·마케팅에 쓰는 모든 글들은 편집자가 작성해 마케터에게 전달해주는 것이었다.

편집자가 준 카피나 글이 아닌 것을 사용한다는 생각 자체가 없었다. 책 속 좋은 문장들도 편집자가 뽑아서 주는 것이었고, 온라인서점에 쓸 문구 하나도 편집자가 정리해서 주는 것이었다. 그러니 마케터인 나로서는 업무시간에 글을 쓰는 것도, 문장을 찾으려고 책을 읽는 것도 불가능했다. 한번은 서울에 나가는 버스를 기다리는 동안, 10분 정도 시간이 남아서 회사 책상에서 자사 책을 읽은 적이 있다. 그때 선배가 "한가하나봐"라고 웃으며 지나갔다. 당시 분위기가 그랬다.

내가 어렵게 느낀 일 중에는 온라인서점 업무도 있었다. 온라인서점의 담당자라고 하면 서점에 가서 책을 소개하고 프로모션을 협의하고 그것을 발전시켜 가는 일을 하리라 생각하지만, 과거에는 그렇지 않았다. 선배들, 그리고 타사 사람들은 책이 나왔을 때 알라딘, 예스24, 인터파크를 어떤 동선으로 방문하는 것이 효과적인지를 농담처럼 말하곤 했다. 알라딘은 서대문에 있고 예스24는 여의도에 있고 인터파크는 강남에 있었다. 미팅시간은 오후 시간대다. 어찌어찌 운전을 잘하면 하루에 책을 다 소개할 수 있겠지만 그것이 맞는 걸까? 그리고 그 일이 효과적인 걸까? 세 군데를 하루에 모두 가려면 사실상 5분 정도 서점 MD 얼굴만 보고 나와야 가능하다. 그건 그냥 '책.배.송'이 아닐까.

나는 입사 전 온라인서점에 리뷰를 올리곤 했다. (네이버 블로그에 주로 글을 쓴 건 입사 이후다. 출판사 사람이 온라인서점 리뷰를 쓰면 자칫 홍보글이라는 오해가 생길 수 있다는 사실을 알고 폐쇄했다.) 내가 읽은 책에 리뷰를 남기면, 다른 사람들은 어떻게 읽었는지가 알고 싶어졌다. 그래서 다른 사람들의 리뷰를 읽고 내 의견을 남기기도 했다. 그런 시간이 이어지며 좋아하는 책의 성향이 비슷한 사람들을 알게 되고 내가 읽은 책을 추천해주기도 했다. 얼굴 한 번 본 적 없지만 생일 때 책 선물을 주기도 했다.

살면서 처음이자 마지막으로 정모(정기모임)라

는 것을 다녀온 적이 있는데, 바로 예스24 블로그 정모였다. 서점이 아니라 순수하게 책을 같이 읽던 사람들이 자발적으로 만든 모임이었다. 그곳에서 우리는 각자 왜 그 책을 읽게 되었는지를 이야기했다. 당시만 해도 소소한 대화이자 작은 모임이라고만 생각했는데 출판사에 들어와보니 그것이 굉장히 귀한 자리임을 알게 되었다.

혹시 온라인서점에서 일정 금액 이상 구입하면 적립금을 주는 카드가 있고, 그래서 일부러 그 신용카드를 만드는 사람들이 있다는 사실을 아는지? 최근 굿즈를 받으려고 장바구니 가격을 맞추는 걸 농담처럼 말하지만 그 시초가 신용카드, 체크카드의 혜택이었다. 2천 원 적립, 5천 원 할인을 위해 카드를 발급하고, 혜택 기준에 맞춰 사용하는 사람들이 온라인서점의 주요 고객들이었다. 나 역시 그런 이유로 신용카드를 만들었다. 입사 전에는 나 같은 사람들과 어떻게 책을 샀고 작가를 알게 됐는지를 이야기하는 것이 일상의 중요한 즐거움일 정도로 온라인서점과 그 문화를 친숙하게 대했다. 하지만 회사에서, 그리고 출판계에서 온라인서점은 크게 인정받지 못하고 있었다. 온라인서점 마케팅에서 중요하게 여기는 지점이 있기는 했다. 할인쿠폰을 지금 붙여야 하는가 아닌가의 결정이었다.

    온라인서점에서는 글이 중요했다. 독자들의 리뷰, 서점 MD들의 소개글, 출판사의 짧은 책 소개가 중요했다. 매대 진열이 중요한 오프라인서점과 근본적인 구조가 달랐다. 나는 일하는 출판사에서 온라인서점의 중요도를 높이기 위해 꽤 애를 썼다. 온라인서점에서 한 번도 책을 구입한 적이 없는 상사들에게 온라인서점에서 사람들이 책을 구입하는 이유, 그리고 광고 데이터를 확보해야 하는 이유 등을 여러 날에 걸쳐 설명하고 또 설명했다. 한번은 너무 답답해서 팀장님을 두세 달에 한 번씩 모이는 예스24 블로거들의 소규모 독서모임에 데리고 가기도 했다. 직접 경험하지 않고서는 도저히 알 수 없는 문화이자 현상이었기 때문이다.

    독서모임 전 나는 블로그 친구들이 올린 생일 위시리스트를 선배들에게 보여줬다. 이는 온라인서점 특유의 문화였다. 생일을 맞는 사람이 받고 싶은 책 리스트를 30개 정도 올리면, 서점의 친구들이 '내가 이 책 사줄게'라고 댓글을 남기기 시작하고 글쓴이는 리스트에서 그 책을 지운다. 목록 20권 정도는 금세 사라지고 친구들은 그를 위해 책을 주문해준다. 이런 풍경을 본 적이 있는지? 나도 꽤 여러 번 참여했던 그곳만의 문화다. 내가 자주 진행한 놀이 중 하나는 3만~3만 1천 원에 맞춰 갖고 싶은 책을 올리면 추첨을 통해 선물해주겠다는 것이었다. 이것도 그곳의 문화다. 이런 것들을 보여줬을 때 선배들이 굉장히 황당해했던 것으로 기억한다. '얘들은 왜 이러고 놀고 있을까?' 하는 마음이었을까. 그렇지만 그들은 온라인서점의 커뮤니티를 이끄는 사람들이었다. 소수가 아니었다. 책의 판매를 유도하는 글들을 마구 쏟아내는 이들이었지만, 출판사는 그들을 신경쓰지 않았다.

다행인 건, 그리고 내가 일하는 출판사가 계속 성장할 수 있었던 원동력이라고 생각하는 건, 부장이든 과장이든 신입사원이든 직원들의 말에 귀기울이는 문화가 형성되었다는 사실이다. 우리 부서는 대형서점 영업에서 온라인서점 마케팅으로 조금씩 방향을 틀기 시작했다. 할인쿠폰을 쓸까 말까만 고심하던 지점을 넘어 책을 어떻게 소개할지에 대한 고민도 하기 시작했다. 지금이야 흔해진 작가전, 브랜드전 같은 이벤트들을 비로소 생각해 내기 시작한 시기가 그때다.

여기서부터 출판사 마케터에게 중요한 일이 등장했다. 카피다. 작가를 소개하고 싶다? 그렇다면 어떻게 소개하지? 가장 편하고 일반적인 방법은 두 가지다. 첫번째는 보도자료를 복사해오는 것, 두번째는 편집자에게 부탁하는 것. 다만 이 두 가지는 비슷한 결과가 나올 확률이 높다. 그 방법을 이용해서 작가를 소개해보면 대략 이런 식이 된다.

> 2020년 『○○문학』 신인 추천을 통해 작품 활동을 시작했다. 소설집과 장편소설을 한 권씩 썼고 제7회 ○○문학상 신인상, 제5회 ○○문학상 우수상, 제85회 ○○○문학상 대상을 수상했다.

온라인서점에서 콘텐츠를 확인하는 사람들은 빠르게 화면을 넘길 확률이 높다. 모바일로 보는 경우라면 더욱 그럴 터. 그런 때에 '자기소개서'에도 안 쓰는 방법을 쓰는 건 안 좋지 않을까?

> **예시 1.** 올해 나이 ○○. 제85회 ○○○문학상의 역대 최연소 수상자가 됐다.
>
> **예시 2.** 2023년 '소설가들이 뽑은 올해의 소설' 투표에서 최상위권에 이름을 올린 젊은 작가. 국내 최연소로 문학상 그랜드슬램을 앞두고 있다.

나는 전형적인 소개보다는 예시 1, 2가 더 낫다고 생각한다. 짧은 순간, 강렬하게 인식될 수 있기 때문이다. 온라인서점을 중요하게 생각하면서 글쓰기가 정말 '일'이 됐다. 처음에는 편집자들에게 소개글을 부탁해야 했다. 편집자들은 바쁘다. 원고를 봐야 하는데 난데없이 온라인서점에서 뭘 해야 하니 글을 써달라고 하면 '며칠 기다려달라'는 답이 돌아온다. 혹은 '보도자료에 있는 문구를 활용하라'고 한다. (보도자료에 책 소개, 작가 소개 다 있는데 안 봤냐는 말을 귀에 피가 나도록 들었다.) 디자이너들도 비슷했다. 표지, 본문을 작업해야 하는데 온라인서점용 작가 소개 페이지를 만들어달라고 하니 '일주일 뒤에 오라'는 말을 수차례 들어야 했다.

그래도 해야 했다. 그것이 마케터의 일이니까. 마케터는 업무에 관해서는 가장 진보적이어야 한다고 믿는다. '이건 이래서 안 돼' '저건 저래서 안 돼' '내가 해봤는데 이건 효과 없어' 같은 말은 꺼내지 않는 편이 낫다. 특히나 당시 온라인서점에 대해선 다들 경험치가 없었다. 혼자 아무리 생각해도 당시의 옥션처럼 온라인서점이 중요한 구매처가 되리라 예상되니 어쩔 수 없었다. 디자이너를 계속 설득할 수밖에 없었고, 글은 내가 써서 편집자에게 확인해주시면 어떻겠냐고 했다. '이런 소개 너무 흔한 거 아니냐'라는 핀잔도 들었지만 그래도 했다. 시건방지다는 말도 들었지만 그래도 했다. 프로모션하는 곳에 필요한 책 속 문장을 뽑아서 이걸 써도 될지 물어봤더니 하루 지나서야 "생각해볼 게요"라는 답이 오고 그 다음날에 "마음대로 하세요"라는 대답을 받은 적이 있다. 그래도 이런 과정을 수차례 반복했다. 여하튼 부탁하고 기다리기보다는 직접 작성하고 확인하는 편이 시간이 대폭 축소되었기 때문이다.

서점 광고를 시작한 것도 그때가 처음이다. 서점 광고 카피는 더 어렵다. 영역에 따라 10자, 20자, 30자 내외로 써야 한다. 대형서점에 책을 최대한 많이 진열해놓고 독자들이 골라주기를 바라는 상황과는 달랐다. 페이지가 바뀌는 몇 초 사이에 독자들의 눈에 들어올 문구를 써야 했다.

이 부분에서 꽤 애를 먹었다. '데이터'라고 할 만한 것이 없었기 때문이다. 독자가 온라인서점에서 광고를 실제로 클릭할 것을 기대하고 만드는 문구와 지나가면서 기억할 법한 문구를 만드는 것은 엄연히 다르다. 오프라인서점의 경우 실제 책을 통해 많은 정보를 전할 수 있지만 온라인서점은 한 줄의 카피, 배너 속 짧은 문구로 책의 가치와 의미를 전달해야 했다.

내가 일했던 팀은 지금 생각하면 얼굴이 홧홧해지는 문구들을 광고로 사용하기도 했다. 예컨대 이런 것이다. "책도둑!책도둑!책도둑!책도둑!" "○○○이 이런 소설을 썼다고?"와 같은 문구들. 판매는 꽤 좋지 않았다. 반응이 거의 없어서 다음날 바로 변경한 적도 많았는데, 이들의 공통점은 어그로를 끌려고 했다는 것이다. 마케터가 글을 쓸 때 가장 유혹을 느끼는 지점이 이 부분이다. '글로 관심을 끌어보자' 하는 것. 대체적으로 이런 문구는 큰 효과가 없었다. 서점에서 책을 사는 사람들이 과연 어그로성 글에 혹해 1만 원을 지불할까?

광고를 꾸준히 하면서 서점에 광고 노출횟수와 클릭률을 요청했다. 요청이라고 했지만 사실상 부탁해서 매주 받아낸 셈이었다. 서점에 데이터를 요청하는 출판사도 없었고 자신들의 데이터를 알아서 먼저 출판사에 주는 서점도 없었다. 그래도 부탁을 들어주는 서점들이 있어서 6개월 정도 온라인서점 광고를 클릭하는 비율과 구매 연결성을 분석해보니, 어그로성 글이 왜 효과가 없는지를 알게 됐다. 빨리 바꿔야 했고 실제로 그렇게 했다. 마케터는 데이터를 기반으로 판단하고, 숫자에 예민하게 반응해야 한다. 광고에 쓰는 글이라 하더라도 예외가 아니다. 전략이 잘못됐고 변경하는 건 부끄러운 일이 아니다. 독자들이 몰라줘서 아쉽다고 말하며 전략 수정 없이 그냥 포기하는 것이 부끄러운 일이다.

이 시점에서 북마케팅의 중요한 또하나의 변화는 출판사의 커뮤니티 생성이었다. 교육서, 학습서, 아동서 중심의 출판사들이 공동구매나 자료 안내 등을 위한 커뮤니티를 만들어 회원제 형태로 운영하고 있었다. 우리도 출판사의 커뮤니티를, 꼭 자사 책이 아니더라도 '문학'을 이야기하고 '문학'을 찾으면 검색에 걸리는 온라인카페를 만들자고 뜻을 모았다. 이 부분은 회사에서 꽤 빠르게 결정해서 전폭적으로 지원하게 됐다.

다만 시작은 했는데 찾아오는 사람들이나 운영하는 출판사 직원들, 그러니까 스태프들이 여기서 말을, 아니 글을 어떻게 써야 할지 난감해하는 것이 느껴졌다. 카페 방문자들은 정말 문학동네 책이 아닌 책들을 말해도 되는지, 혹은 문학동네 책에 대해서 칭찬만 해야 하는 건 아닌지 조심스러워 글을 쓰는 일이 굉장히 드물었다. 출판사 직원들은 커뮤니티라고 하지만 회사의 공간이니 글을 함부로 쓸 수 없다고 여겼다. 다들 커뮤니티의 언어를 알지 못했고 그러다보니 언론사에 보내는 보도자료와 비슷한 글들을 올리기 시작했다. 그리고 또 한 가지, 마케터들이 관리하지만 책에 대한 글을 쓸 때 담당 편집자들의 확인을 받아야 했다.

책을 가장 잘 아는 사람은 기획하고 편집하면서 몇 번을 읽은 편집자들일 것이다. 그래서 광고를 진행할 때 사실관계나 작가의 의도와 충돌하지 않는지, 핵심 키워드로 적절한지 등을 점검하고자 편집자의 확인을 거친다. 하지만 커뮤니티의 글도 그래야 한다고? 속도도 느리고 글 또한 심심해졌다. 커뮤니티의 가장 기본적인 존재 이유, 즉 '재밌어야 한다'와 완전히 동떨어진 일이었다.

　나는 커뮤니티에 맞게 글을 좀 다르게 써야겠다고 생각했다. 어투의 문제가 아니었다. 그보다는 사람들이 호응하게 하는 글을 작성해야 했다. 기존에는 대개 작가가 누구이고 무슨 내용이고 어떤 문학적 의미가 있는지를 소개했다. 나는 그런 방식이 아니라 '지하철에서 너무 웃어서 민망해졌다' '플랫폼에서도 정신없이 읽다가 급행 타서 병점까지 다녀왔다' '읽다가 울컥했는데 사람들 시선을 의식해 하품하는 척해야 했다' 같은 식으로 책을 소개했다. 물론 이건 지극히 개인적인 글쓰기라 편집자의 확인을 받지 않았다.

　내가 쓰는 글들은 커뮤니티에서 꽤 호응이 좋았다. 비로소 사람들이 댓글에 무슨 책인지 궁금하다는 말들을 남기기 시작했다. 직원들의 일상글은 인기글이 되기 어려운데 내가 쓴 글은 여럿 그렇게 됐다. 어느 날 선배가 나에게 그 글 누가 써주는 거냐고 물어봤다. 내가 쓰는 것이라고 했더니, 선배는 꽤 놀란 눈치로 "오"

하며 지나갔다. 나중에 선배도 커뮤니티에서 글쓰기 스타일을 바꾸는 것이 보였다.

    출판사든 어디든, '마케팅'이라는 것은 그 단어가 갖는 의미가 상황에 따라 변화해가야 한다. 업무가 변하는 것도 마찬가지. 바라보는 곳은 여전하지만, 어떻게 그곳을 향해 가야 할지에 대해 출판사 마케팅이 달라지고 있었다. 어쩌면 이제 막 '북마케팅'이라는 것이 본격적으로 진행된 것인지도 모른다.

마케팅적 성과를 내는
좋은 글의 비밀 ①

니즈를 충족해주기

나는 공유되어야 좋은 글이라고 생각한다. 블로그를 생각해보자. 직접 쓴 글이 아닌데 자신의 블로그에 글을 공유하는 이유는 내 블로그 방문자들에게 보여주기 위해서라고 할 수 있다. 그만큼 더 많은 사람들이 그 글을 읽게 되는 셈이며, 실제로 공유가 많을수록 물건이 판매되는 확률도 높았다. 댓글이나 좋아요보다 공유가 중요했다.

하지만 이것이 전부가 아니다. 공유 여부를 떠나서 마케팅적으로 굉장히 성과를 낼 수 있는 글이 있다.

바로 궁금증을 일으키는 글이다. 많은 사람들이 알듯 김경식이라는 예능인이 영화를 소개하는 코너가 오랫동안 인기를 끌었다. 그는 영화의 앞부분을 아주 흥미진진하게 풀어낸다. 도대체 어떻게 되는 걸까, 하는 궁금증이 극에 달했을 때 김경식은 말한다. "영화에서 확인하세요."

책 소개도 이렇게 하면 어떨까. 에세이나 순수문학, 인문서나 시집 홍보에는 이런 방식을 적용하기가 쉽지 않다. 하지만 추리소설이라면? 공교롭게도 하나의 글로 인한 책의 판매량 급증을 처음 경험한 것도 미스터리 계열의 책이었다.

마케팅은 고객의 니즈를 충족시켜야 한다. '추리소설에 대해 사람들이 기대하는 바는 무엇일까'를 고민해봤다. 이럴 때 가장 좋은 방법은 추리소설과 미스터리, 나아가 스릴러라는 주제로 글쓴 사람들의 리뷰나 한줄평을 보면서 그들이 가장 만족하거나 실망했던 이유를 알아보는 것이다. 추리소설은 이것이 좀 명확하게 보인다.

기대하는 것 : 반전, 스릴감, 긴장감, 서스펜스, 트릭

분석과 판단이 끝났다면 이제 이것을 기반으로 글을 써야 한다. '내가 이것저것이 좋았다'가 아니라 사람들의 니즈에 맞게 '나는 스릴감이나 반전이 좋았다'라고 평해야 한다.

유럽 스릴러의 저 왕 그랑제. 그의 소설 중 백미로 뽑히는 『검은 선』은 시작부터 허를 찌른다. 특종에 목마른 프리랜서가 감옥에 있는 연쇄살인마에게 접근하기 위해 가상의 여자를 만들어 편지를 보낸다. 살인마는 그것을 믿고 답장을 보내고 이로 인해 연쇄살인마의 엄청난 범죄가 밝혀진다.

프리랜서의 뜻대로 됐지만, 이상하게 프리랜서는 두렵다. 너무 접근했다는 사실 때문이다. 프리랜서는 일방적으로 연락을 끊어버리고 자신이 알고 있던

내용을 글로 써서 '대박'을 낸다. '연쇄살인마가 감옥에
있으니 어쩌겠는가'라는 생각이 있어서 그랬던 것인데,
아! 이것은 실수였다. 연쇄살인마는 사라진 여자를
찾기 위해 온다. 와서 무엇을 보는가? 자신을 배신한
모든 것을 본다. 분노한 연쇄살인마는 무엇을 할
것인가?

무섭다. 이토록 강렬한 서스펜스를 본 적이
언제였던가? 눈 한 번 돌리기 어려울 정도로
대단한 흡인력이 압권이다. '절대악'의 범죄가
공개되는 순간, 그리고 연쇄살인마가 돌아온 다음에
벌어지는 순간들은 매 순간 소름끼치게 만든다.
반전은 또 어떤가? 『검은 선』은 올해 단연 돋보이는
미스터리였다.

나는 『검은 선』을 한번 더 소개했다. 소개했던 책을 또 소개한 이유는 글에도 썼듯 '올해 단연 돋보이는

미스터리'였기 때문이다. 이 글은 독자들이 기대하는 바에 최대한 맞춰 썼다. 그리고 이 세 문단으로, 한 달을 기준으로 비교하면 책은 4.9배가 더 팔렸다.

> 아내와 싸운 남편은 집을 나온 뒤 술집에 들어간다. 그곳에서 어떤 여인을 만나 함께 술을 마시고 충동적으로 공연을 보러 간다. 여인과 헤어진 남편은 집에 돌아오자마자 끔찍한 광경을 본다. 아내가 변사체로 발견된 것이다. 남편은 유력한 용의자로 체포된다. 황당한 남편은 외출했던 사실을 말한다. 완벽한 알리바이다. 여인과 함께 있었다는 사실만 증명하면 된다. 그런데 이게 무슨 일인가. 술집, 레스토랑, 극장에서 만났던 종업원들이 약속이라도 한 것처럼 남편이 혼자 왔었다고 증언한다. 도대체 무슨 일이 벌어지는 것인가.
>
> 사형선고를 받은 남편에게는 시간이 없다. 남편의 가장

> 친한 친구가 여인을 찾기 위해 불철주야 뛰어다니지만 여인의 흔적은 없다. 정말 '환상의 여인'인 걸까?
> 『환상의 여인』은 기묘하면서도 몽환적인 미스터리 위에서 펼쳐지는 정밀한 치밀함과 짜릿한 스릴감이 돋보이는 추리소설이다. 이야기가 전개될수록 죽음의 시간이 가까워오는데 미스터리는 갈수록 미궁 속으로 빠지니 긴장감이 느껴지지 않을 수 없다. 허를 찌르는 반전과 치밀한 심리전은 어떤가. 압권이다. '세계 3대 추리소설'이라고 불려도 이상할 것이 없는, 명불허전의 작품이다.

『환상의 여인』은 여러 출판사에서 나온 책이다. 내가 일하는 출판사에서도 이 책을 출간했다. 후발주자인 셈이라 홍보 포인트를 잡기가 어려웠지만 이것저것 따질 때가 아니었다. 잘할 수 있는 것을 하기로 결정하고, 이 책을 두 문단으로 소개했다. 배본 후 주문이 띄엄띄엄 들어왔던 책은 이 글을 올린 후 시장에 나간 책이 모두 소진되었고, 한 달에 2천 부가 더 판매되었다. 아마 다른 출판사의 책이 없었다면 판매가 더 집중되었을 것 같지만.

그 외에 판매에 의미 있는 영향을 끼쳤던 책 소개를 몇 가지 더 실어본다. 자세히 보면 키워드가 비슷하다.

> 생면부지의 네 사람이 모였다. 그들이 모인 이유는 하나. 누군가를 죽이고 싶기 때문이다. 그들은 완전범죄를 위해 교환살인을 계획한다. 교환살인은 알리바이를 만들기가 편하고 또한 사건이나 용의자의 연결고리를 찾을 수 없기 때문에 완전범죄를 만들 가능성도 높다. 그들은 네 장의 트럼프카드로 어떤 순서로 살인을 저지를지 결정한다. 완전범죄를 꿈꾸는 그들의 악의가, 아무런 연관성 없는 살인사건들이 그렇게 시작한다.

노리즈키 린타로의 『킹을 찾아라』는 트릭이 얼마나 정교할 수 있는지, 얼마나 허를 찌를 수 있는지를 극적으로 보여주는 추리소설이다. 완전범죄를 위해 교환살인을 벌이는 그들 사이에서 벌어지는 온갖 속임수와 악의가 쌓이고 쌓여 작동하는 트릭은 단 한 번의 허점도 보이지 않는다. 그래서인가. 도대체 무슨 일이 벌어질 것인지 궁금해서 한번 잡으면 손에서 놓을 수 없게 하는 흡인력을 만들어내기도 한다. 2013년 '본격 미스터리 베스트 10'에서 1위에 선정된 『킹을 찾아라』, 트릭을 아름답게 꽃피우고 있다.

FBI 수사관 사이먼은 "이 편지가 배달되는 날부터 5일 동안 매일 한 명씩 죽게 될 겁니다"라고 적힌 편지를 받는다. 살인 예고였다. 그는 상대할 가치도 없는 편지라고 생각했다. 그런데 이 편지가 도착하기 전에 예고된 것처럼 누군가 죽은 것을 알았다면? 게다가

"이 편지가 배달된 다음날 당신은 두번째 죽음을 직접 목격하게 될 겁니다"라는 문구도 현실이 된다면? 두려운 일이다. 하지만 더 무서운 건 아이러니하게도 그 편지에 살인을 막을 방법도 적혀 있다는 것이었다. 도대체, 무슨 일이 벌어지는 것인가?

『궁극의 아이』는 FBI 수사관이 살인을 예고한 '궁극의 아이'라고 불리는 연쇄살인범을 쫓는 이야기를 그리고 있는데 그 과정 하나하나가 긴장감이 넘친다. 너무나도 기이한, 예고 살인이 이어지기 때문. 하지만 정말 놀라운 건 이 모든 사건에 드리워진 진실이다. 눈앞에 나타났던 모든 것을 전복시켜버리는, 믿었던 모든 것을 부정하게 만드는 허를 찌르는 반전이 밝혀낸 진실은 스릴 넘치는 짜릿함을 맛보게 해준다. 소설의 흡인력이 만만치 않다. 신비로우면서도 정밀한, 짜릿했던 추리소설이다.

파리의 성당에서 성가대 지휘자의 시체가 발견된다. 형사들은 급하게 사건을 수사하지만 아무런 단서가 없다. 도대체 이 성당에서 무슨 일이 벌어진 것일까? 사건을 수사하던 카스단은 시체 주변에 있던 아이의 신발자국을 유심히 본다. 다들 무시했던 것인데 그는 본능적으로 이것이 중요한 단서임을 알고 성가대 아이들을 인터뷰하기 시작한다. 덕분에 그는 아이들이 사라지고 있다는 것을 알게 된다. 도대체 무슨 일이 벌어지는 것인가. 떠오르는 것은 '불쌍히 여기소서'라는 의미의 성가곡 <미세레레>뿐이다.

장 크리스토프 그랑제의 『미세레레』는 아이들의 실종과 그것을 쫓는 형사들의 이야기가 긴박하게 담긴 추리소설인데 소설을 관통하는 스릴감이 압권이다. 사건의 배후에 있는 '악'을 생생하게 그렸기에 그런 걸까. 소설의 어느 곳을 펼치더라도 스릴감이 튀어오를 것 같다고 할까. 놀라운 건 그 모든 것들을 단번에

뒤집어버리는 압도적인 반전이 등장하는 대목이다. 그것이 사회파적인 것이기에, 그래서 가슴을 꼼짝없이 사로잡아버리는 감동적인 결말에 놀랄 수밖에 없다. 추리소설의 미덕을 두루 갖춘, '마력'이라는 단어가 어울리는 추리소설이었다.

마케팅적 성과를 내는
좋은 글의 비밀 ②

잊었던 니즈를 찾아주기

고객의 니즈를 찾아서 충족해주는 데는 분석하는 시간이 필요하지만, 평소 관심을 갖고 꾸준히 노력한다면 어려운 일이 아니다. 자료들을 수집하고 분석하면서 공통으로 등장하는 것들을 찾아내는 과정이니 말이다.

어려움은 니즈가 없을 때 발생한다. 예를 들어 최근 10년 동안 추리소설을 한 권도 안 읽은 사람이 있다고 하자. 이런 사람에게 스릴감, 짜릿함, 반전을 이야기하면 먹힐까? 한 권이라도 읽은 사람에 비하면 이들이 움직일 확률은 낮다. 다른 물건도 그렇겠지만 책을 구입하도록 하는 계기는 노벨문학상 같은 굉장한 이슈가 아니고서는 일부러 만들어내기가 쉽지 않다.

필요한 니즈를 찾아서 채워주는 것만 해도 좋다. 그럼에도 이것이 어렵다고 느낀 이유는, 내가 마케팅해야 하는 책이 독자의 니즈를 만족시키기 힘든 경우가 있기 때문이다. 많이들 오해하는데 마케팅, 특히 출판에서의 마케팅은 '1을 100이라고 부풀리는 일'이 아니다. 혹은 '1을 A라고 거짓말하는 일'도 아니다. '1이 왜 1인지를 더 많은 사람들에게 알려주는 일'이 중요하다. 어쩌다 한두 번 100이라고 부풀리고, A라고 속이는 전략이 통할 수는 있지만 결코 오래가진 못한다. 블로그나 인스타그램에 글 한번 잘못 쓰고 신뢰를 잃는 경우를 생각해보면 쉽게 이해될 것이다. 제품에 따라 소개글을 쓸 공간을 매번 새로 만들 것이 아니라면, 내 글을 꾸준히 보는 사람들에게 최소한의 신뢰감을 유지시켜줘야 한다.

나를 가장 고민하게 만든 책은 우타노 쇼고의 『그리고 명탐정이 태어났다』였다. 우타노 쇼고는 국내에서 특유의 '트릭'으로 알려진, 약간 마니악한 추리소설 작가였다. 베스트셀러에 오른 작품은 없지만 '트릭'을 말할 때 그의 책이 꼭 언급되곤 했다. 그런 작가의 책이 나온다고 해서 원고를 읽었는데 지금까지와 약간 결이 달랐다. 아니, 많이 달랐다. 우타노 쇼고가 지닌 트릭의 명성을 홍보 키워드로 잡을 수가 없었다. 그 부분에서는 좀 약했던 것이 사실이다.

추리소설에 기대하는 니즈, 혹은 우타노 쇼고에 대한 사람들의 니즈를 만족시킬 수 있을까? 나는 니즈를 일깨우는 것으로 방향을 정했다. 즉 '너는 지금 A를 찾고 좋아하지만 과거의 너는 1을 좋아했다'며 그 시절이 얼마나 즐거웠는지, 혹은 낭만적이었는지를 환기하기로 했다. 나는 이 책을 소개할 때마다 꼭 이 방향으로 작성했다.

> 추리소설을 좋아합니다. 그런데 제 주변에는 그런 작품이라면 "뭐하러 읽어?"라는 말을 하는 사람이

많습니다. 문학을 공부한 어느 분은 "시간 아깝다"고 한마디하죠. 시를 좋아하는 어느 분은 "아직도 그런 거 읽어?"라고도 합니다. 그렇죠. 어쩌면 추리소설 같은 작품은, 철없는 시절에나 읽는 것인지도 모르겠습니다. 하지만,

하지만, 정말 그런 것인가요? 추리소설을 읽고 흥분했던 그 마음을 어른이 되어서도 느끼면 안 됩니까? 맞습니다. 이 소설들이 무슨 문학적인 성취감을 맛보게 하는 것도 아니고, 살아가는 데 도움이 되는 어떤 지식을 주는 것도 아닙니다. 어쩌면 이 나이에 읽기에는 뭔가 어울리지 않는 것인지도 모릅니다. 하지만 어쩌겠습니까? 저는 좋아합니다. 시간이 아깝다는 생각은커녕 좋아하는 작가의 소설이 나오면 빨리 읽고 싶어 발을 동동 구릅니다. 그리하여 책을 열었을 때 가슴이 두근거린다고 고백하는 것도 부끄럽지 않습니다. 그게 저입니다.

(…)

> 개성 강한 인물들이 춤추며 허를 찌르는 반전이
> 사방에서 쏟아지는 장애물을 넘나드는 것은 우타노
> 쇼고의 작품답다는 확신을 준다. 하지만 그보다
> 더 아름다웠던 건, '낭만'을 일깨워준다는 것이다.
> 추리소설 읽으며 이런 생각을 하다니, 나도 늙은 건가?
> 하지만 어쩌랴, 그것이 진심인 걸. 그 생각이 들켜
> 기뻤던 것이 진심인 걸, 어찌하랴.

다른 글에서도 비슷하다.

> 소설 속 중년의 남자들은 친구에게 초대장을 받는다.
> 어린 시절 함께 탐정소설을 읽었던 친구가 보낸
> 것이었다. 그들은 초대장을 받고 친구 집에 갔다가
> 깜짝 놀란다. 고전 추리소설에 나올 법한 저택이
> 있었기 때문이다. 뿐인가. 실내의 분위기도 추리소설의
> 그것이었다. 더욱이 그들을 초대한 친구는 밑도 끝도

없이 추리게임을 펼치자고 제안한다. 탐정소설을 재현해보자는 것이었다.

중년의 남자들은 그런 그를 비웃는다. 한때 탐정소설을 읽으며 함께 기뻐하고 즐거워하던 시절이 있었지만 이제는 현실을 생각해야 하는 나이였기 때문이다. 그런 와중에 전 재산을 들여 이런 저택을 무리하게 만들었으니 한껏 비웃고 마는 것이리라. 그럼에도 남자는 꿋꿋하게 추리게임을 펼친다. 그리고 말한다.

"이 세상을 떠나기 전에 꿈을 이루고 싶다. 탐정소설의 세계 속에서 죽어가고 싶다. (…) 내 마지막으로 또 한 가지 염치없는 부탁을 하지. 탐정소설을 편애하고 탐정소설에 목숨을 건 바보가 있었다고, 가끔씩이라도 좋으니 떠올려주게나. 그리고 자네들도 앞으로 탐정소설을 사랑해주었으면 하네."
_『그리고 명탐정이 태어났다』 중에서

> 이 소설이 슬픈 건, 소설을 읽는 '독자'가 탐정소설에
> 대한 변치 않는 애정을 보여주었던 남자가 아니라
> 그를 비웃던 입장이기에 그런 것이 아닐까? 현실이니
> 어쩌니 하면서 가슴속에서 탐정소설을 밀어두었기에,
> 탐정소설 읽는 사람들을 철없다고 비웃었기에 남자의
> 말에 슬퍼지는 것이 아닐까? 이상한 일이다. 명탐정은
> 사건을 해결해야 멋져 보이는 건데 『그리고 명탐정이
> 태어났다』의 '명탐정'은 대단한 걸 하지도 못했는데
> 멋져 보인다. 그것이 심해서 가슴이 먹먹해지는 것
> 같기도 하다.

이 책은 회사에서 크게 기대한 책이 아니었다. 우타노 쇼고라는 작가의 인지도도 그렇지만, 여러 요소를 보면 당시 흥행했던 미야베 미유키나 히가시노 게이고에 견줄 수가 없었기 때문이다. 그래서 초기에 준비했던 계획은 특정 서점에서 배너 광고를 하자 정도였고, 그후에는 글에 거의 모든 마케팅을 집중했다.

책이 나오고 초기 반응은 예상대로 조용했다. 하지만 소개글들이 통하면서 온라인에서 반응이 왔다. 공교롭게도 낭만을 말하며 책을 소개한 글들이 네이버 메인에 뜨고, 같은 시기 서점에서도 노출 효과가 이루어지면서 알라딘에서 단번에 종합 4위까지 오르기도 했다. 책은 5개월에 약 1만4천 부가 팔렸다. 매출로 보면 9400만 원이 조금 넘는다. 아쉽게도 그후 10년 동안 팔린 건 1만 부가 되지 못한다. 롱런했으면 좋겠지만 추리소설 팬들의 리스트에 들기에는 다소 역부족이었다. 그럼에도 낭만, 추억을 건드린 덕분에 국내에 출간된 우타노 쇼고의 책으로는 드물게 베스트셀러가 됐다.

마케팅적 성과를 내는 좋은 글의 비밀 ③

안전욕구에서 벗어나기

마케팅 입장에서 안전하다는 것은 어떤 의미일까? '애플 신제품이다' '삼성 신제품이다' '메가커피 신제품이다'와 같은 경우다. 출판 마케팅에서도 유명 작가의 책이 나오면 "○○○의 신작!"이라는 카피를 자주 쓰는데 역시 안전하기 때문이다. 하지만 신작이라는 말을 얼마나 오래 쓸 수 있을까? 그리고 무엇보다 ○○○을 얼마나 많이 알까? 그러니까 작품만큼 알까?

나는 출판사에 입사한 마케터들에게 북마케팅에서 중요하게 여기는 네 가지에 대해 강조하는데, 그중 하나가 '작가'의 인지도다. 여기서 인지도란 그 작가를 전면에 내세울 만한가 아닌가의 척도다. 그러면서 자주 하는 질문이 '해리 포터 시리즈'의 작가 이름을 아느냐는 것이다. 해리 포터는 안다. 하지만 해리 포터의 작가 이름까지 알고 있는 경우가 얼마나 될까?

문학동네에서 일하는 중에 처음으로 무라카미 하루키의 책을 선보일 기회가 생겼다. 갈수록 더 유명해지는 무라카미 하루키의 신작 『1Q84』를 마케팅해야 했다. 일본에서 대단한 판매고를 이뤄낸 무라카미 하루키의 책이 나온다고 하니 출판계에서 꽤 관심이 많았다. 특히나 일하는 출판사에서 처음 출간하는 하루키의 책이니 더 기대할 수밖에. 편집자들은 다들 '하루키, 하루키'를 외치는데 나와 부서 사람들은 약간 다른 고민이 있었다. 하루키를 다 알까? 『상실의 시대』는 대부분 안다. 그만큼 하루키를 알까? 이 책을 홍보할 때 안전한 카피는 "『상실의 시대』의 작가 무라카미 하루키 신작!"이다. 또는 "일본에서 ○○○부 판매! 무라카미 하루키 신작"이다. 실제로 그렇게 준비를 하고 있었다.

    책이 나오기 전 라디오 광고를 녹음할 일이 있었다. 나와 담당 편집자는 출판 인생 최초로 라디오 녹음을 눈앞에서 구경했다. 성우들이 녹음을 하고, 우리는 그 과정을 지켜보고 있었다. 그러다가 농담삼아 "일본에서 예약판매가 된 만큼이 이 정도인데, 그걸 실제로 독자에게 준 것은 특정일이잖아요. 그 특정일에 제일 큰 서점이 영업한 시간이 대략 이 정도니까 계산해보면 7초에 한 권 정도 팔렸다고 할 수 있지 않을까요. 차라리 이런 걸 써보면 임팩트 있지 않을까요"라고 말을 했다. 당시 편집부 선배는 "진짜 7초에 한 권 팔리면 좋겠다. 그런데 계산이 맞나", 이러면서 1초에 일곱 권인가, 7초에 한 권인가를 두고 장난처럼 같이 카피를 써봤다.

    책이 나온 후 실제로 온라인서점에서 그 카피를 사용했다. 앞뒤 설명 없이 "7초에 1권 팔린 소설"이라고만 광고했다. 조선일보 책 서평에도 전면 카피 그대로 노출되었다. 하루키, 하루키, 그 이름보다 "7초에 1

권"이 더 크게 알려진 순간이었다.

안전하고 싶다는 생각을 누구나 한다. 하지만 안전한 것은 예측 가능한 결과만 얻는다. 그러니 마케터라면 안전욕구를 벗어나는 생각을 하고 글을 써야 한다. 참고로 하루키의 저 홍보문구가 성공한 이후 출판계에 '몇 초에 한 권' '하루에 몇 권 팔린 소설'이라는 카피가 유행했다. 나는 이제 이것이 안전한 선택이 되고 있다고 생각했고 실제로 그랬다. 임팩트가 너무 약했다. 이후 몇 년 동안은 그런 식의 카피가 좋은 결과를 이뤄낸 일이 없었으니까.

마케팅적 성과를 내는
좋은 글의 비밀 ④

어떻게든 장점을 찾아내 강조해라

종종 채용 전형에 참여할 때가 있다. 그 과정에 면접도 있는데, 지원자들은 꽤 긴장한 표정으로 자신들을 어필한다. 그들의 말 하나하나는 굉장히 진솔되어 듣는 동안 경건해질 수밖에 없다. 그때 가끔 '나는 이 분야의 책을 정말 좋아합니다'라고 말하는 사람들이 있다. 아마도 특정 분야에 대한 관심과 지식을 어필하려고 하는 것 같은데, 그 말을 들으면 어쩔 수 없이 반대의 상황을 상상하게 된다. "당신이 좋아하지 않는 장르의 책은 어떻게 할 건가요?" 혹은 "당신이 좋아하지 않는 작가의 책이라면요?" 아니면 "사람들이 손가락질하는 책이라면요?"라는 질문을 건네본다. 대답은 다들 비슷하다. "할 수 있습니다"라고.

내가 일하는 출판사에서는 매년 300여 종이 넘는 책이 나온다. 입사 초기 '말'에 약한 나는 그 책들을 설명할 때 "이 책 진짜 좋아요"라는 말을 버릇처럼 했다. 그러다 "세상에 안 좋은 책이 어디 있어요?"라는 예스24 문학 담당 과장님의 말을 들은 후에는 절대 쓰지 않게 됐다. 그때부터 구체적으로 책에 대한 키워드를 정하고 어떤 책인지를 보여주게 됐는데 딱 한 번, 정말 이 책은 알리기가 어렵다고 생각한 책이 있었다. 해외 에세이였다. 콘셉트는 홍보하기 좋다고 봤는데, 서점의 에세이 MD들이 '이런 책은 너무 많다'고, '노출 후보로도 올릴 생각이 없다'고 단칼에 말했다. 그들의 의견은 비슷했다. '작가가 안 유명해' '내용이 너무 평이해' '콘셉트도 불분명해'…… '이 책 안 팔려요'였다. 사실, 안다. 마케터든 디자이너든 관리부든 안다. 알고 있지만 자괴감이 들 수밖에 없다. 그렇다고 작가에게 글을 다시 써달라고 할 수는 없으니 말이다.

문학동네를 만든 이사님이 "책을 자식이라고 생각해봐. 누가 봐도 그 아이가 못생겼어. 공부도 못해. 운동도 못한다고 다들 말해. 나도 알아. 근데 나까지 그 말을 하면 안 돼. 부모의 마음이야. 나는 그렇게 책 생각한다"라고 한 적이 있다. 누구나 볼 수 있는 단점은 누구나 안다. 마케터라면 어떻게든 장점을 찾아야 한다. 그것이 마케터가 할 일이다. 마케터는 비평가가 아니라 자신의 책을 알려야 하는 최전방에 있는 사람이니까.

서점에서 프로모션을 거절당하고 노출 후보에서도 제외되었던 그 책은 마야 안젤루의 『딸에게 보내는 편지』였다. 내가 할 수 있는 일은 매달 이 책을 큐레이션 형태로 소개하며, 이 책의 장점을 최대한 어필하는 것이었다. 작가 이름을 아무도 모르고, 이런 콘셉트의 책이 세상에 수백, 아니 수천 종 있다는 사실은 누구나 안다. 어차피 그건 논할 필요가 없다. 할일을 할 뿐이다.

2월에는 '작심삼일에 지친 당신에게 권하고 싶은 책'으로 이 책을 소개했다. 자기계발서적인 성격이 강한 에세이여서 그 부분을 장점으로 내세웠다.

> 버락 오바마와 오프라 윈프리의 멘토로 알려진 마야 안젤루의 『딸에게 보내는 편지』는 중요한 것을 알려주고 있다. '삶'을 긍정하는 것이다. 또한 자신이 축복받은 사람이라는 사실을 항상 기억하는 것을 알려주고 있다. (…) 밑줄 그으며 읽다보면 중요한 교훈을 자연스럽게 알게 될 것이다. 인생의 주인이 되는 법과 삶의 파도에 맞서는 방법을.

3월에는 '봄날, 설렘이 필요할 때 읽으면 좋은 책'으로 소개했다. 이때는 이 책을 "마야 안젤루의 인생 조언들을 모은 책인데 문장이 유려해서인지, 아니면 문장에 담긴 진솔함 때문인지 힘든 순간순간마다 불현듯 떠올라 가슴을 위로해준다. 별것 아니지만, 뜻밖의 순간, 삶을 좀더 힘차게 해주는 것이다. 그런 순간, 새로운 시나리오를 만들고 싶다는 생각이 든다. 그녀의 조언처럼 그것을 반드시 해낼 수 있을 것만 같다는 생각도 든다"고 썼다. 문장의 진솔함, 그리고 위로를 준다는 강점을 시기에 맞추어 어필한 책이다.

첫번째 글을 쓸 때는 책을 배본한 지 얼마 지나지 않았었다. 3천 부 조금 넘게 배본했는데 그후로 주문이 한 부도 없어서 초조함이 있었다. 하지만 첫번째 글이 화제가 되면서 출고된 책이 모두 팔렸고 이후 2주 동안 1천여 부가 더 판매됐다. 그리고 두번째 글을 올리는 동시에 다른 마케팅 프로모션을 진행하면서 두 달 동안 9천 부가 더 판매됐다. 중간에 책이 품절되기도 했다. 이 책 노출은 기대하지 말라고 했던 서점 직원이 전화로 책을 빨리 확보해야 한다면서 물었던 것이 기억난다.

"그런데 이 책 왜 팔려요?"

이 책은 최종적으로 3개월 동안 1만3천 부 이상이

판매됐다. 인지도 없는 작가, 콘셉트가 평범해서 차별성이 보이지 않는다는 말을 들으면서도 1만 부 이상을 팔았다. 악조건들 사이에서 장점을 찾아내 그것을 끄집어낸 것이 기대 이상의 성과를 거둔 이유였다. 안타깝게도 이 책은 그후로 3년 동안 4천 부 정도 팔렸다. 서점 직원들이 말했던 그 부분들 때문에 오래 주목받지는 못했다고 봐야 할 것이다. 아쉬운 결과다. 하지만 처음부터 나까지 나서서 '넌 왜 이런 모양이니?'라며 외면했다면, 이 책은 초판 소화가 고작이었을지도 모른다.

단점을 찾기는 쉽다. 전혀 어려운 일이 아니다. 그리고 그건 웬만한 사람은 다 한다. 마케터는 그런 일을 하는 사람이 아니다. 단점들 사이에서도 장점을 찾아내 그것을 전달해야 하는 사람이다.

일하다보면 가끔 "진짜로 그렇게 생각하세요?"라는 질문을 받는다. 그런 말을 듣는 순간도 필요하다.

마케터의
자기소개법

글이 마케팅의 중요한 트렌드가 됐다는 것은 기존의 트렌드가 옛것이 되었다는 의미이기도 하다. 북마케팅은 빠른 속도로 변화해간다. 홍보·마케팅이 강연회, 사인회, 신문광고, 대형서점 광고로 정리되던 그 시절에 첫번째로 체험마케팅이 등장했다. 기점은 김훈 작가와 신경숙 작가였다. 김훈 작가의 『남한산성』이 출간된 후 한국관광공사와 함께 작가와 독자가 남한산성을 다니며 책 이야기를 하는 현장을 따라간 적이 있다. 책을 이렇게 마케팅할 수도 있다는 사실에 약간 충격을 받았다. 내가 일하는 출판사에서는 그즈음에 신경숙 작가의 『리진』 출간을 앞두고 있었다. 『리진』이라면 경복궁 일대에서 일어나는 이야기를 담은 소설이니 충분히 다르게 마케팅할 수 있다고 생각했다.

경복궁에 함께하자고 제안해봤지만 도통 소통이 제대로 되지 않았다. 고민에 빠져 종로를 걷다가 영풍문고 앞에서 한숨을 쉬는데, 바로 앞에 한국관광공사가 있었다. 저녁 6시를 앞둔 때였다. 나는 건물 1층으로 가서 입구에 계신 분께 책의 콘텐츠를 알리고 싶은데 담당자가 누구냐고 물었다. 그분은 내가 꽤 절박해 보였는지 알아보고 연락할 테니 명함을 두고 가라고 했다. 그리고 며칠 후 담당자를 만나게 됐다.

지금도 그렇지만 그때도 신경숙 작가는 무척 유명한 작가였다. 나는 다들 신경숙 작가를 알 거라고 생각했다. 다행히 한국관광공사의 담당자도 신경숙 작가를 알았다. 그런데 그의 상사는 잘 몰랐다. '작가를 모르는데? 그런 상황에서 굳이 같이하자고?' 하는 반응이 느껴졌다.

이런 반응은 출판계에 일하다보면 많이 경험한다. 하루키의 책을 두고 하루키 영화제를 하려고 CGV에 연락했을 때, 음반회사에 연락했을 때…… 다른 산업군에 연락할 때 "안녕하세요. 출판사 문학동네의 ○○○이라고 합니다"라고 하면 간혹 돌아오는 반응이 있다. "어느 동네시라고요?"라는 것.

"아, 출판사인데요."

"출판사요? 출판사가 무슨 일로 연락하셨나요?"

문학동네가 출판사인지 모르는 경우가 비일비재하다. 당연히 상대가 나에게 호감이 있을 확률이 거의 없다. 그럴 때 나는 통화를 최소한으로 하고, 제안서를 보낼 메일 주소를 빠르게 확보한다.

이때부터 마케터의 글쓰기가 중요하다. 물론 대단한 비밀이 있는 건 아니다. 기본에 충실하면 된다.

(1) 이 책의 콘텐츠가 무엇인지를 소개한다.
(2) 이 책의 콘텐츠가 당신에게 어떤 도움이 될지를 구체적으로 언급한다.

(3) 나는 (2)를 위해 무엇을 제공할 수 있는지를 직접적으로 말한다.

(4) 나는 (2)가 좋은 결과를 얻기 위해 당신에게 무엇이 필요한지를 정확하게 요청한다.

신경숙 작가의 경우로 보자. 신경숙 작가를 모르는 사람에게 이 작가가 누구인지를 구구절절하게 소개할 필요가 없다.

'베스트셀러 작가'라는 것만 입증하고 (1)을 진행해야 한다. 『리진』은 조선시대, 역사, 궁녀, 경복궁, 경회루, 춤, 사랑이 담긴 책이다.

나는 그것을 말하고 바로 (2)로 넘어가 이것을 통해 독자들에게 경복궁의 의미를 낭만적으로 전할 수 있고, 또한 경복궁에 대한 새로운 의미를 더할 수도 있다고 설명했다. 어디든 스토리가 더해지면 홍보 효과가 크다는 점, 이런 식의 책 행사가 없으니 언론에서 크게 다루리라는 점도 강조했다.

(3)에서는 이 작업을 위해 작가를 섭외하고, 책의

장면을 실제로 재현하는 예술인까지 출연시키겠다고 말했다.

(4)에서는 이것을 하려면 경복궁에서 독립적인 활동을 해야 하는데, 그러기 위해 당신들이 그날 우리만 활동할 수 있도록 해달라고 요청했다.

실무 담당자가 워낙 잘 도와준 덕분에, 결국『리진』은 경복궁 휴관일에 프로모션을 진행하게 됐다. 우리는 약속대로 '리진' 역할을 할 배우를 섭외해서 독자들과 함께 걸었고, 나아가 책의 주요한 장면을 재현하기 위해 한예종에서 유일하게 그 춤을 출 수 있는 대학생을 섭외해 경회루 앞에서 공연을 선보였다. 행사가 끝난 다음에 보니 스무 군데 이상의 언론사에서 이 행사를 취재했고 대대적으로 보도했다. 책 판매가 급증했던 것도 당연한 일.

한국관광공사는 그후에도 여러 번 같이 업무를 진행했는데, 그들이 원하는 것과 우리가 줄 수 있는 것이 명확했던 덕분이다. 메일 한 번만 쓰면, 미팅을 하고 바로 일이 시작될 정도였다. 춘천 출신의 작가가 사진에 세이 책을 냈을 때는 한국관광공사에 출사 프로모션을 하자는 내용으로 메일을 썼다. 나는 작가를 섭외할 것이고, 이 작가가 사진 찍기 좋은 춘천의 명소를 소개하는 스토리를 만들어줄 수 있다고 했다. 공사측에서도 호의적이었던 덕분에 비용 없이 모든 것이 순조롭게 진행됐다.

가장 인상적인 행사를 진행한 책은 황석영 작가의 『개밥바라기별』이었다. 작가가 어렴풋이 '소설의 그 장면이 나오는 곳은 충청도 부근인데 오른쪽에 철길이 있고 왼쪽에 강이 있다' '몇시쯤 되면 개밥바라기별이 보인다'라고 했다. 나는 그 말을 힌트로 한국관광공사와 서점에 제안서를 보냈다. 며칠 후 서점에서 온 과장님, 그리고 나와 한국관광공사의 실무자가 같이 충청도로 떠났다. 공사에서 내가 전한 말을 토대로 예상되는 장소들을 몇 군데 미리 찾아봤다고 했다. 가면서도 모두가 '정말 그곳이 맞을까' 싶었는데, 그중 한 곳이 소설 속 장소가 맞았다. 정말 그 시간에 하늘에 개밥바라기별이 있었다.

한 달 후 우리의 안내를 받은 작가와 독자들은 그 시간에 그곳에서 개밥바라기별을 볼 수 있었다. 마구 감격해서 서로 어깨동무를 하고 노래를 부르는 모습을 보며 나는 메일을 쓰기 잘했다는 생각을 했다.

이때의 경험들은 여러 가지로 중요한 자산이 되어 후에 상대측이 우리 회사를 모르든 알든 간에 메일로 원활히 소통하는 노하우가 생겼다. 출판사 직원이라고 시 구절을 인용해서 메일을 쓰기도 하고 '최근에 무슨 책을 재밌게 봤다'면서 이메일을 보내기도 하는데, 출판사나 책에 관심이 없는 사람들에겐 별 감흥을 주지 못한다.

마케터는 비즈니스를 한다. 그리고 '당신'에게도 이익되는 일을 한다. 그것을 쓸 줄 알아야 한다. '도와주세요' '협찬해주세요'보다 '너와 내가 윈윈할 수 있다는 것'을 직설적으로 말하는 편이 좋다.

글은 어떻게 마케팅 트렌드가 되었나

네이버 메인 화면이 바뀌는 시간대가 있다. 그중 블로거들의 글이 소개되는 페이지는 변경 시간대마다 한 번씩 확인해본다. 취미에 대한 글, 영화나 드라마 혹은 맛집에 대한 글들이 꾸준히 올라온다. 그것들을 하나씩 클릭하며 조회 수나 방문자들의 피드백을 토대로 글을 평가해봤다. 문장의 길이는 어느 정도여야 읽는 데 부담이 없는지, 제목의 조합은 어떻게 해야 더 임팩트 있게 다가가는지 등을 메모하다가 이상한 점을 발견했다. 몇몇 편집자들의 글이 어느 순간부터 하루에 하나씩 등장했던 것이다. 게다가 그 글들의 제목이 내가 쓰는 스타일과 굉장히 비슷해서 '내가 이걸 썼나' 하고 클릭했다가 당황한 적도 여러 번이었다.

생각해보면 당연한 일이었다. 어떤 마케팅안이 잘 통하면 그것을 모방하는 경우가 생기기 마련이다. 다만 글도 그렇게 될 줄은 몰랐다. 회사에서도 마케터들이 나와 비슷한 형태로 글을 써 네이버 메인에 올리려고 하는데 다른 출판사라고 왜 안 그럴까 싶었지만, 유독 특정 출판사가 심해서 기분이 묘했다. 해당 회사 임원급이 편집자들에게 담당하는 책은 무조건 그런 글쓰기를 하라고 지시했다는 사실은 나중에야 알았다. 내가 주력하던 활동이 이제는 트렌드가 되어 다들 달려들다니, 기분이 좋기도 하고 나쁘기도 했다. 무엇보다 선점효과가 없어졌으니 그럴 수밖에. 무한경쟁의 도래였다.

나는 스스로 글을 잘 쓴다는 생각을 해본 적이 없다. 카피나 작가 소개, 책 소개를 써서 편집자들에게 교정을 부탁할 때가 많은데, 돌아온 글을 보면 좌절감을 느낄 정도로 수준 차이가 났다. 그런 마음은 다른 출판사 편집자들의 글을 보면서도 자주 느꼈다. '책 소개를 이렇게 잘 쓸 수도 있구나' 하는 감탄이 나오는 건 어찌할 수 없었다. 그렇다고 내가 편집자처럼 글을 쓸 수는 없는 일. 나만의, 그러니까 마케터의 글답게 써야 했다.

그 고민의 첫번째 답은 더 넓은 콘텐츠에 담아내야 한다는 것이었다. 한 권의 책을 소개하기 위해 다른 책들을 곁다리로 언급하는 경우가 많아졌다. 경쟁력을 확보하려면 우리 책뿐 아니라 다른 출판사의 책도 그들만큼 알아야 했다. 이를 위해 꽤 많은 시간을 할애했다. 누가 보더라도 자기가 알리고 싶은 책을 홍보하기 위해서만 쓴 글이 아니어야 했다. 전체적으로 사용할 만한 콘텐츠를 더 리 확보하고자 다른 책과 글을 언제든 활용할 수 있도록 정리하기 시작했다. 꽤 막연했던 일인데, 이것이 중요한 무기가 될 수 있다고 느낀 순간이 찾아왔다. 나와 경쟁사가 글과 콘텐츠를 다루는 데 차이가 나타난 것이다.

예컨대 A가 노벨문학상을 수상했다. 10월의 어느 목요일 저녁 8시에 발표가 나고 몇 분 후, 기사가 뜨기 시작한다. 사람들이 검색을 시작하는 순간이다. 공교롭게도 A의 도서가 우리 회사와 경쟁사에서 모두 출간되었다고 해보자. 경쟁사의 글은 자신들의 출간작으로 시작해서 자신들의 출간작으로 끝냈다. 혹은 글의 끝머리에 이런 책들도 나왔다 정도로 우리 책을 언급했다.

하지만 평소에 콘텐츠를 확보하고 있다면 우리 회사의 책을 메인으로 하되, 경쟁사의 책들도 충실하게 소개할 수 있다. 왜 굳이 경쟁사의 책까지 알려야 하는가 싶지만, 그 작가를 검색해서 글을 보는 사람들의 반응을 끌어내려면 정보는 많을수록 좋다. 그렇다고 단순 정보 나열은 안 된다. 분명한 콘텐츠가 있어야 하고 그래야 반응이 일어난다. 그 반응은 곧 공유로 이어지고, 이는 검색 결과의 상단 등장으로 연결된다. 글이란 어떻게 쓰느냐에 따라 다르겠지만 대체로 첫 문단, 처음으로 소개한 책, 혹은 글쓴이가 '대표작'이라고 말한 것에 포커스가 맞춰진다. 그러니 다양하고 충실한 정보로 빠르게 반응을 일으켜서 그 작가를 검색할 때 가장 먼저 나와야 한다. 이 과정은 불과 한 시간 안에 결정된다. 그 결과에 따라 '노벨문학상' 혹은 '작가 이름'을 검색하는 사람들에게 내가 다룬 내용이 전달되거나 안 된다.

그 효과가 얼마나 될 것 같은가. 글쎄, 그 시간에 네이버에 노벨문학상을 검색하는 사람이 얼마나 많을까? 1만 명, 10만 명, 혹은 5천 명, 아니면 1천 명? 수만 명일 수도 1천 명일 수도 있다. 하지만 생각해보시기를. 굳이 네이버에 '노벨문학상' 혹은 '작가 이름'을 검색하는 사람들의 마음을. 이들은 잠재적으로 책을 살 사람들이다. 1천 명이더라도 결코 적지 않은 숫자다. 그리고 그들을 붙잡느냐 놓치느냐는 평소에 콘텐츠를 보유했느냐 아니냐로 결정된다.

책을 읽고 콘텐츠를 기록해둘 때 가장 근간이 되는 중요한 일은 문장과 글감의 수집이다. 수집한 문장은 다시 책별로 특성별로 나눠 정리한다. 문장을 수집하는 건 굉장한 자산이 된다. 1월부터 12월까지, 어느 때든 사용할 수 있는 문장을 갖게 되기 때문이다. 김훈, 김영하, 알베르 카뮈, 아니 에르노, 에밀 아자르, 무라카미 하루키, 파울로 코엘료 등의 책을 읽는 족족 기록했다. 글이 트렌드가 된 시대에서 콘텐츠를 돋보이게 만들려면 속도가 중요하기 때문이다. 예를 들어 설명해보자.

『위대한 개츠비』가 방송에서 이슈가 되면 수집한 문장을 끄집어내서 바로 글을 쓴다. 다른 마케터들은 편집자에게 문장을 받아서 콘텐츠를 만들 때, 이미 포스팅을 끝내서 네이버의 검색 상단에 우리『위대한 개츠비』가 노출되도록 만든다. 미리 기록한 문장 몇 개만 있어도 충분히 가능한 일이다.

코로나19가 한국에 덮쳐오며 방송가에서『페스트』를 다룬다는 소식을 들었을 때도 마찬가지였다. 독자들이『페스트』를 먼저 검색할 곳에 책 속 문장을 앞

세운 글을 올려놓았다. 일반 책 소개라면 광고로 인식할 수 있으나, 문장을 보여주면서 글을 시작하면 콘텐츠로 인식하는 경향이 높기 때문이다.

글이 마케팅 트렌드가 되었다. 그렇다면 더 돋보여야 한다. 이때 선택할 것은? 콘텐츠를 더 넓게 파악할 것, 그리고 이를 누구보다 빠르게 보여줄 것이다. 광고한다는 생각을 버려야 한다. 콘텐츠를 보여줄 줄 알아야 한다.

글을 더 잘 쓰고 싶다면

답은 필사다

회사 업무에서도 글이 중요해졌을 때, 어쩔 수 없이 글을 잘 쓰고 싶다는 고민이 들었다. 그런데 우연한 기회에 고민이 해결되었다. 신형철 작가의 책을 소개하려다가 문장을 따라 쓰는데, 눈으로 읽을 때와 그 맛이 다르다는 사실을 알게 되었다. 이건 무슨 느낌일까. 도저히 이대로 멈추면 안 될 것 같아서 리뷰는 짧게 정리하고, 책을 따라 적기 시작했다.

    일단 그 문장의 시작은 이것이었다.

서정시는 아름다운 말로 쓰는 것이 아니라 말을 아름답게 쓰는 것이다. 어떤 말이 팽팽한 긴장을 품어 읽는 이를 한동안 붙들어 맨다는 것이다. 한 단어를 공용 사전에서 구출해 개인 사전에 등록한다는 것이다. (…)

사람과 사람이 만나 받침의 모서리가 닳으면 그것이 사랑일 것이다. 사각이 원이 되는 기적이다. 그러기 위해서는 우선 말을 좀 들어야 한다. 네 말이 내 모서리를 갉아먹도록 내버려두어야 한다. 너의 사연을 먼저 수락하지 않고서는 내가 네게로 갈 수가 없는 것이다. 서정시가 세상과 연애하는 방식이 또한 그러할 것이다. (…)

빼어난 시가 노래하는 것들이 때로 그 '극단에서의 슬픔'이다. 한순간의 달뜬 감정을 함부로 발설하지 않는다. 그냥 좀 내버려두었다가, 그것이 슬픔이 될 때까지 기다렸다가, 내가 내 마음의 세입자나 되는 듯 적요해질 때, 그때 쓰는 것이다. 그러니 정말 어려운 일은 시를 쓰는 일이 아니라 시를 쓰지 않고 버티는 일이다.
_신형철, 『느낌의 공동체』(문학동네, 2011)

    퇴근하고 저녁이 되면 나는 컴퓨터 앞에 앉아서 신형철 작가의 『느낌의 공동체』를 따라 적었다. 요즘 유행하는 필사였던 셈이다. 그때는 어떤 의미를 둔 것이 아니라 무작정 키보드를 두드렸다. 그렇게 한 권이 끝나고 신형철 작가의 다른 책을 찾아서 또 따라 썼다. 아마도 이때부터 필사의 맛을 알아버렸던 것 같다.

    필사를 하다가 블로그에 글을 쓴 적이 있는데, 블로그 이웃이 이런 댓글을 달았다. "글이 좀 달라진 것 같아요" "간결해졌는데 읽기 좋네요"라고. 필사를 하다가 내가 쓴 글들을 보니 '아……' 하는 감탄사가 절로 나왔다. 남발하는 접속사, 의미 없는 부사 등등. 글을 잘 쓰고 싶다는 고민 혹은 욕심에 대한 답이 필사라는 사실을 깨닫기는 어렵지 않았다.

나는 책을 읽을 때 이 책을 또 볼 것인가를 생각하며 책장에 따로 모아두는 습관이 있는데, 저 댓글을 계기로 필사할 책인지도 고민하며 모아두곤 한다. 이제까지 세 명의 작가가 나에게는 필사의 대상이다. 신형철, 김훈, 미시마 유키오 작가다.

신형철 : 신형철의 문장에 "아름답게 쓰려 하지 말고 정확하게 써라. 아름답게 쓰려는 욕망은 중언부언을 낳는다. 중언부언의 진실은 하나다. 자신이 쓰고자 하는 것을 장악하고 있지 못하다는 것"이라는 것이 있다. 나는 이 문장을 사랑한다. 그리고 그의 모든 문장을 좋아한다. 그의 문장을 따라 쓰면 그처럼 글을 쓸 수는 없으나 최소한 중언부언하려 하지 않고, 또한 정확하게 쓰려는 노력을 '본능적'으로 하게 된다. 그의 책을 다섯 번 정도 필사하면, 필사 전의 나와 지금의 내가 얼마나 달라졌는지를 누구보다 잘 알 수 있다.

김훈 : 김훈의 문장은 간결하다. 접속사를 남발하던 나에게 구원이었다. 그러니까, 그래서, 그렇기에, 그렇지만 등등을 꼭

넣어야 문장이 잘 읽힐 것이라고 생각했던 시절과는 김훈의 글을 따라 쓰는 순간부터 영영 이별하게 됐다.

미시마 유키오 : 미시마 유키오의 모든 책을 필사한 건 아니고 『가면의 고백』만 따라 썼다. 이 책을 읽으며 느꼈던 '황홀함'과 집요할 정도로 아름다움을 좇는 문장을 조금이라도 따라 써 보고 싶은 마음이었다. 안타깝게도 이 문장은 흉내낼 수 있는 것이 아니라는 사실을 두 번 필사하고 깨달았다. 다만 이건 알게 되었다. 부사·사용, 문장 구조는 『가면의 고백』이 거의 완벽하다는 것. 한 권으로 가장 많이 필사한 건 이 책이다.

출판계의 혁신,
도서정가제의 등장

단 하루, 온라인서점에 접속이 안 된 날이 있다. 10퍼센트 할인과 5퍼센트 적립이 가능한 도서정가제가 시작되기 전날, 그러니까 50퍼센트 할인판매로 장바구니를 채울 수 있는 마지막날, 사람들은 온라인서점에 접속하기 위해 혈투를 벌였다.

    독자들의 마음도 복잡했겠지만 출판사 직원들, 북마케터들은 긴장할 수밖에 없었다. 이전까지 많은 회사들이 할인, 사은품, 적립금 증정으로 책을 판촉했고 그것이 어느 정도 통했으나 이제는 전면 리셋이었다.

교보문고 팀장님이 도서정가제 시행 한 달 전쯤 전화를 한 적이 있다. 도서정가제가 시작되면 출판사에서는 어떻게 할 거냐고 물었다. 나는 고민하지 않고 "콘텐츠를 보여주면 될 것 같은데요"라고 답했다. 얼마간의 침묵이 흘렀다. 그리고 무슨 콘텐츠를 보여줄지를 두고 오래 이야기했다.

나는 도서정가제가 시작된 이때가 출판계 마케팅이 기초교육을 이수하고 비로소 세상에 나가 경쟁을 하기 시작한 시점이라고 생각한다. 적당하게 "쿠폰 붙이자" 하는 뻔한 소리조차 할 수 없게 되었다. 한 권 한 권을 어떻게 소개할지가 핵심이었다.

콘텐츠란 무엇일까? 책을 잘 말하는 것은 얼마나 중요할까? 세상에 나오는 책이 이토록 많은데 그중 우리 책을 돋보이도록 하려면 어떻게 말해야 할까?

나는 이 책이 필요한 사람을 찾아서, 그가 이 책을 읽어야 하는 이유를 빠르게 제시하는 것이 콘텐츠의 시작이라고 생각한다. 책들마다 그것을 갖춘다면, 그 사이에 연결고리가 생긴다. 그럼 그것을 서로 간의 맥

락에 따라 붙이거나 섞거나 대비해서 보여준다. 그것이 소위 말하는 북큐레이션이다.

 도서정가제가 시작된 후 콘텐츠를 잘 보여주고자 북큐레이션을 본격적으로 시도하려고 할 때, 반발이 심했다. 익숙했던 것들이 갑자기 사라지자 적응 못 하는 사람들이 많았다. 첫번째는 서점이었다. 한 권 사면 5천 원짜리 도서상품권을 증정하던 서점의 이벤트 코너에, 책의 키워드를 소개하려고 하니 공간을 확보하는 일 자체가 어려웠다. '세상 참 한가롭게 산다'는 조롱 섞인 말도 들었다. 세계문학을 소개할 때 특히 그랬다.

 아이러니하게도 도서정가제가 시작되자 전집을 소개하던 출판사들이 오히려 더 비용을 들여 홈쇼핑으로 향했다. 홈쇼핑에서 편법을 통해 어떻게든 책을 팔아서 매출을 확보하려는 마음이었을 게다. 그때 내가 일하는 출판사는 포털사이트에 국내 작가들이 읽는 세계문학에 대한 글을 소개했다. 마케팅 활동이 거의 그런 방향이었다. 콘텐츠에 대한 믿음 때문이었다. 그 믿음이 보답받은 건 3년 정도 지난 시점이었다. 시장에서 점유율이 높아지기 시작했고 비로소 안도할 수 있었다. 만약 함께 홈쇼핑을 따라다녔다면 어땠을까? 몇천만 원 들여 광고 영역을 사서 책을 보여주는 것이 맞았을까? 과연 그것이 성과를 낼 수 있었을까? 그건 콘텐츠를 갖고 있는 마케터가 아니다. 그저 남들과 같은 것을 따라 하는 사람밖에 될 수 없다.

서점만큼 어려웠던 건 독자들이었다. 몇 년간 할인쿠폰을 사용해 책을 구입했던 독자들에게 당장 눈에 보이는 혜택이 아닌 것을 전하려니 애를 먹을 수밖에 없었다. 특히 도서전에서 그것이 분명하게 드러났다. 도서정가제 이전의 서울국제도서전은 그야말로 도깨비시장이었다. 50퍼센트, 30퍼센트 할인판매하는 책들이 수두룩했다. 10퍼센트 할인판매는 할인의 축에도 끼지 못했다. 그랬는데 도서정가제를 시행했으니? 나는 2011년부터 서울국제도서전에서 부스 책임자를 맡은지라 이 변화를 확실히 느꼈다. 2년 정도 매출이 하락했다. 도서전 참여가 손해라는 것이 당연하게 여겨질 정도로 독자들의 반응이 냉랭했다. 그럼에도 할 수 있는 건, 해야 하는 건 독자 개개인을 위해 책을 소개하는 일이었다. 이 노력이 결실을 맺었을 때 나는 콘텐츠에 대한 확신을 얻었다. 2021년이 결정적인 순간이었다. 당시 회사에서는 '서울국제도서전 출판사 입사 MBTI'를 진행했다. 방문자가 QR코드를 통해 몇 개의 질문에 답하면 출판사 어느 부서에서 일하면 좋을지를 알려주는 이벤트였다. 그 부서에서 일하는 사람들에겐 이런 책이 어울린다는 추천도 해주었다.

코로나19가 대한민국을 뒤덮은 시기였다. 서울국제도서전 주최측은 방역 문제로 하루 방문자를 최대 2천 명으로 제한했다. 그런 중에 MBTI 이벤트 참여자 숫자가 1971명을 기록한 날이 있었다. 한 명이 여러 번 참여했을 가능성을 감안하더라도, 그날 서울국제도서전 방문자의 95퍼센트 이상이 MBTI 이벤트를 경험했다는 뜻이다. 그 많은 사람들이 북적거리는 가운데에서 핸드폰으로 테스트를 진행한 이유는 무엇일까. 광고가 아니라 재밌는 이벤트로, 콘텐츠를 만날 수 있었기 때문이 아닐까. 도서전 방문자의 95퍼센트가 우리 책을 마주한다는 것, 그리고 책을 산다는 것은 꽤 흥미로운 일이었다. 그런 경험과 노하우가 쌓인 결과, 지금 도서전 매출은 도서정가제 이전에 밥 먹을 시간도 없을 정도로 판매할 때보다 두 배 이상 늘어난 상태다. 이 차이를 만든 것은 뭘까?

종종 출판사는 콘텐츠를 갖고 있어서 좋겠다는 말을 많이 듣는다. 맞다, 좋은 일이다. 하지만 그것이 혼자 알아서 빛을 발하는 일은 거의 없다. 그것을 빛나게 하는 것이 마케터의 일이다. 지금은 유행어가 됐지만 당시 내가 일하는 팀에서, 그리고 내가 집중한 것은 '이럴 때는 이런 책', 즉 '북큐레이션'이었다.

북큐레이션이 성공하거나 실패한 경우를 보면 마케터의 글쓰기가 통하거나 통하지 않는 이유를 볼 수 있다.

먼저 북큐레이션이 실패한 경우를 생각해보자. 여기서 실패란 판매에 어떤 영향을 끼치지 못했을 뿐

만 아니라, 공유도 되지 않고 누군가 저장도 하지 않았다는 뜻이다. 실패의 이유는 대동소이하다

　A. 뻔한 주제
　B. 알고 싶지 않은 심심한 이야기
　C. 결국 내 제품 사라는 또 다른 말
　D. 보도자료를 긁어온 듯한 해설 말투
　E. 남는 것이 없는 글

　나는 함께 일하는 동료들에게 절대 하지 말라고 강조하는 것이 있는데, 그것은 환경의 날이니 환경도서를 소개하고, 책의 날이니 독서에세이를 소개하는 북큐레이션이다. 뻔하다. 여느 출판사들과 다를 것이 없다. 한마디로 누구나 흔하게 할 수 있는 북큐레이션이다.
　그리고 어떻게든 '이 책 사세요'라고 어필하려는 북큐레이션도 지양하라고 조언한다. 어차피 이 북큐레이션이 어떤 의미인지는 독자도 알고 다케터도 안다.

모두가 광고라는 사실을 알지만, 충실하고 유익한 콘텐츠를 담아내 독자로 하여금 움직이게 하는 것이 중요하다. 큐레이션이 좋으면 산다. 굳이 쓸데없는 말을 붙일 필요가 없다. 또한 보도자료에서 책 소개를 가져오는 일도 지양해야 한다. 가끔 나는 큐레이션에 적힌 말들을 소리내어 읽어본다. 입에 달라붙는지 아닌지 판단하기 위해서다. 헷갈리면 네이버에 검색해 평소 사람들이 자주 쓰는 단어들인지 살펴본다. 보도자료를 긁어온 듯한 해설은, 검색해봤을 때 놀랍게도 출판사의 책 소개에만 나온다. 독자들은 아예 쓰지 않는 표현이라는 의미다. 이런 말은 통하지 않는다.

큐레이션이 가장 크게 실패한 경우는 남는 것이 없을 때다. 큐레이션은 최종적으로 책으로 향하는 길을 알려주는 일이다. 분명하고 구체적으로 어디로 가야 할지를 알려줘야 한다. 그럼 남는 것이 있다는 건 어떤 의미인가. 문학동네는 인스타그램 등에서 많은 책을 소개한다. 소개할 때 인기가 있는 것은 '문장'이다. 문장은 올리자마자 '좋아요'가 빗발친다. 하지만 '좋아요'가 반드시 판매로 이어지는가 하면, 그렇지는 않다. 반면 '명확'한 주제에 따라 엄선한 책을 묶어서 소개한 경우에는 '좋아요' 수와 함께 '도서 판매량'이 오르기 시작한다. 즉 남는 것이 있다는 것은 독자의 마음을 사로잡아 구매까지 이끌었다는 의미라고 할 수 있다.

인스타그램에 '출판사 직원들이 읽고 심하게 좋다고 과몰입한 소설책'이라는 주제로 포스팅한 적이 있다. '좋아요'가 2천 개를 넘더니 도서 판매량이 30퍼센트나 올랐다. 비슷한 게시물도 마찬가지. 도서 판매량이 10~20퍼센트씩 올랐다. '여름'이나 '어린이날'이라고 해서 관련 책들을 소개하는 것과 다르게, 분명하고 구체적으로 어떤 책을 읽어야 하는지를 알려주는 글이 도서 판매까지 이어진다는 사실을 확인할 수 있었다.

요즘은 북큐레이션이라는 말을 거의 사용하지 않는다. 다들 실패를 많이 경험해서 그런 것 같다. 글쎄, 앞에서 언급한 경우들을 계속하다가 지레 지쳐버린 것은 아닐까. 잘된 경우는 뭘까. 실패한 사례와 반대면

잘된다. 콘텐츠를 보여줄 마케터의 글쓰기도 그래야 한다.

흐름은 변한다, 그것을 인정해야 한다

도서정가제의 등장 이후 또다른 고된 시간이 출판 마케터들에게 다가오고 있었다. 나 역시 예외일 수 없던 것, 그것은 사람들이 읽는 글이 점점 짧아지기 시작했다는 사실이다. 블로그에 A4 한두 장 분량의 글을 올렸을 때보다 A4 반 장의 글을 올렸을 때 반응이 좋다는 점이 조금씩 신경쓰이던 터였다. 글을 좀더 충실하게 쓰고 싶었지만, 통계를 계속 보는 나로서는 간과할 수 없는 부분이었다.

어쩌면 당연한 일인지도 몰랐다. 숏츠가 유행하

기 시작하던 무렵 사람들이 긴 글을 읽지 않는다는 말들이 트렌드책에서 보이기 시작했다. 두꺼운 소설책들도 판매가 하락하기 시작했다. 분위기가 '짧게, 짧게'로 모아지고 있었다. 책을 소개하는 글도 마찬가지였다. 한두 줄의 카피야 예나 지금이나 중요하지만, 카피 외에 모든 것들이 그렇게 변해가고 있었다.

리뷰도 마찬가지로 나날이 짧아지기 시작했다. 글이 짧아진다는 것은 어떤 의미일까. 단숨에 임팩트 있게 소개해야 한다는 의미다. 보통 이런 경우면 책의 타이틀, 작가, 혹은 다루는 주제가 무엇인지에 집중한다. '프랑스 100주 연속 베스트셀러' '뉴욕타임스 올해의 책' 같은 카피를 떠올리면 되겠다. 문제는 이런 타이틀의 책들이 많아지면서 구분이 안 되기 시작했다는 사실이다. 그렇다면 다른 타이틀을 고민해야 하는 것이 아닌가 하는 의문이 생기지만, 사람들은 조금이라도 '검증'된 것을 선호하는 경향이 있다. 작가가 '검증' 되지 않았다면, 최소한 '검증'됐다고 여길 만한 타이틀이라도 있어야 책을 선택한다. 그런 것이 없다면? 출판

마케팅의 새로운 과제가 생겨나고 있었다.

    그런 시대에 스토리 카드뉴스가 등장했다. 기존에도 있기는 했지만, 외부업체가 스토리 카드뉴스로 베스트셀러를 터뜨린 후 우후죽순처럼 만들어지기 시작했다. 출판계에서 이들 업체에 관심을 갖게 된 이유는 간단했다. 이들은 작가가 유명하든 유명하지 않든, 타이틀이 있든 아니든, 책의 스토리를 바탕으로 30장 내외의 카드뉴스를 만들어 책을 구매하게끔 만드는 글을 쓴다는 사실 때문이었다.

    책이 판매되는 요소가 발생하면 일단 알아보는 것이 직업병인지라 나는 몇 개의 업체에 연락하고 또한 실제로 함께 작업을 진행해봤다. 작업방식은 대략 이랬다. 2~3주 정도의 시간을 갖고 책을 읽은 후 사람들이 책에서 관심을 가질 법한 부분을 스토리로 만들어낸다. 그리고 그것을 여러 커뮤니티에서 확산시키는 데 집중한다. 초기 스토리카드가 노출 수보다 주요하게 집중한 부분은 커뮤니티에서의 확산성이었다. 그들은 영화를 궁금하게 만들었던 김경식의 스타일을 표방

했고 커뮤니티에서도 그것을 숨기지 않았다. 사람들은 이것이 광고임을 알았지만, 댓글로 환영했고 반겼고 반응했다. 콘텐츠로서 충분히 즐길 만한 가치가 있다고 본 것이다.

매체는 바뀌었지만 성공요인은 다르지 않았다. 블로그에서는 글을 퍼가는 행위가 성공의 척도였다면 이제는 커뮤니티에서 그 글이 얼마나 퍼져가는지가 중요했다. 콘텐츠로 받아들여지는지가 중요했다. 개인이 운영하는 블로그와 다른 점이 있다면 이들은 커뮤니티에서 초기작업을 한다는 것인데, 이는 기업이니 어쩔 수 없는 것이라 생각했다. 그보다 중요하게 다른 점은, 긴 글이 주류인 블로그와 달리 글을 굉장히 짧고 재밌게 써야 한다는 것이었다. 카드뉴스 30장 내외라고 하지만 글의 양으로 보면 A4 반 장에 불과했다. 짧은 글로 얼마나 재밌게 구성해내느냐가 관건이었다.

내가 일하는 출판사에서 몇 번 의뢰를 하다보니 담당자로 많은 답답함을 느꼈다. 기획비 등을 고려한다고 해도 진행비가 감당하기 어려울 정도로 상승했고, 일정 또한 마음대로 조정할 수 없어서였다. 이럴 바에는 차라리 내가 하는 편이 낫지 않을까 하는 생각이 들었다. 나는 그들의 글쓰기를 살펴본 후 내가 담당하던 소설을 바탕으로 나름대로 구성해봤다. 텍스트를 만드는 건 어렵지 않았기에, 바로 디자이너와 함께 카드뉴스 형태로 디자인에 들어갔다. 30장 내외로 만드는데, 광고 디자인 부장님의 한마디에 작업을 멈추고 말았다.

"이거 너무 재미없다. 계속할 거야?"

나는 마케팅이든 글쓰기든, 원칙이 하나 있다. 나를 설득 못 하면 안 되고, 내 옆에 있는 사람을 설득 못 하면 좋은 신호가 아니라는 것. 내 옆에 있는 사람도 설득 못 하면서 누군지도 모를 잠재적 독자들, 혹은 구매자들을 설득할 수 있을까. 그것이 가능하다는 건 허황된 소리다. 나는 바로 그 일을 멈추고 팀원에게 텍스트를 보여줬다. 팀원은 '재밌다'는 말 대신 '괜찮을까요?'라고 했다. 작성했던 텍스트는 바로 폐기했다.

이때 나는 다른 스타일의 글쓰기를 배워야겠다고

결심했다. 그래서 스토리형 카드뉴스 회사들이 만들었던 텍스트를 몇 번씩 옮겨 적어봤다. 필사가 그렇듯 눈으로 읽는 것과 따라 적는 것은 받아들여지는 깊이와 수준이 다르다. 한동안 저녁에 그들의 모든 카드뉴스를 따라 쓴 후 내가 다시 재조합하며 시간을 보냈다. 다짜고짜 업체에 전화해서 스토리를 어떻게 구성하는지 물어보기도 했다. 나는 모르면 물어본다. 부끄러운 일이 아니다. 마케터는 못하는 것이 있다면 배워야 한다. 혼자서 트렌드를 다 익힐 수도 없거니와 모든 것을 잘 해낼 수도 없다. 그리고 변화를 인정해야 한다. 그것을 모른 척하면 어떤 일이 생기는지 마케터라면 모를 수 없다.

2000년대 초반에 대한민국을 들썩이게 했던 단어 중 싸이월드의 '미니홈피'가 있었다. 당시 가입자가 3천만 명이 넘었다고 한다. 수익화 구조였던 도토리 판매 수익이 연간 1천억 원 이상일 정도로 인기가 대단했다. 하지만 싸이월드는 페이스북, 인스타그램 등 SNS의 새로운 흐름이 등장했을 때, 세상을 외면하고 기존의 입장만 고수했다. 그리고 지금 어떻게 되었는지는 마케터가 아니라도 안다. 변해야 할 때는 변해야 하고, 모른다면 부끄러워하지 말고 배워야 한다.

    네이트판에 올라온 베스트글들을 읽고 스토리로 만들어본 연습도 스토리형 카드뉴스를 만드는 데 도움이 되었다. 네이트판에서 인기를 끈 글들은 굉장히 짧지만 재밌고, 무엇보다 세상의 많은 감정이 압축적으로 들어가 있다. '어쩌면 이런 글을 쓰는 사람들이야말로 고수가 아닐까' 싶어서 계속 찾아 읽고, 또 이 글 너머에 어떤 일이 있을까를 상상하면서 나름대로 글을 써봤다. 그리고 그걸 다시 줄여보며 스토리를 구성하는 훈련을 반복했다.

    이것을 꾸준히 해서 도움이 되었는지 아닌지는 모르겠지만, 결국 다른 회사들에 비용을 지불하며 의뢰하던 일을 줄이고 내부에서 자체적으로 스토리형 카드뉴스를 만들 수 있게 됐다. 조회수 10만의 글들이 나오고, 50만을 넘는 글이 나왔다. 남궁인 작가의 책을 소개한 카드뉴스는 책을 배본하는 날에 조회수 100만을 넘겼다.

 마케터의 글은 트렌드를 외면해서는 안 된다. 모르면 배우고 익혀야 한다. 글을 배우는 일은 얼마나 쉬운가. 100일 정도 따라 쓰면 최소한 지금보다는 나아질 수 있으니 안 할 이유가 없다.

글만 중요한 게 아니다, 인기 있는 제목의 흐름도 파악해야 한다

어떤 글을 쓰느냐는 분명 중요하다. 하지만 그 글을 돋보이게 해주는 건 제목이다. 다만 오해하지 마시길! 그저 멋지거나 화려한 제목을 뽑는 것이 중요하다는 뜻이 아니다. 제목에도 흐름이 있다. 트렌드라고 해야 할까. 인기 있는 제목은 계속 바뀐다. 반대로 노출이 잘 안 되는 제목도 있다. 그 차이를 파악하려면 내가 글을 쓰려는 플랫폼의 흐름을 매일 체크해야 한다.

예컨대, 네이버에서 글쓰기로 책을 소개하던 초기에는 'Best'라는 단어를 과감하게 사용할 수 있었다.

Best라는 단어가 지닌 힘은 대단했고, 독자들에게 확실히 각인시킬 수 있다. 그런데 어느 순간부터 Best가 노출이 안 되었다. 그럴 때는 당황하지 말고 노출되는 글들의 제목을 봐야 한다.

살펴보니 Best 다음의 대세는 '추천'이었다. '내가 사랑하는 본격 미스터리 Best 7'이라고 쓴 제목을 '내가 사랑하는 본격 미스터리 추천'으로 바꿔야 하는 순간이 온 것이다. 그럼 '추천'은 언제까지 쓸 수 있었을까? 더이상 그 단어가 노출이 안 된다고 생각되면, 미련을 버리고 사용을 멈춰야 한다.

스토리형 카드뉴스 경쟁을 벌이던 때도 마찬가지. 이때는 Best 같은 것은 노출이 잘 안 되었다. '~한 일'로 끝나는 제목이 노출되는 경우가 많았는데, 이럴 때는 흐름에 저항하지 말고 그 안에 들어가서 제목을 만들어야 한다. '응급실에 간 할머니가 눈물 흘리며 한 말' '시한부 판정을 받은 남자가 마지막으로 한 일'과 같은 식으로 말이다.

반대로 절대 등장하지 않는 단어를 구태여 쓰려고

하지 말아야 한다. 일주일 정도 '자살' '연쇄살인' 같은 단어가 포털에 등장하지 않았다면 그것을 쓰면 안 된다. 아무리 책의 내용이 자살을 중요하게 다룬 에세이일지라도, 혹은 연쇄살인을 소재로 한 추리소설일지라도 말이다. 만약 그 단어가 보인다면? 그때 써도 된다. 굳이 시류에 저항해서 소중한 글이 남에게 읽힐 기회를 없애지 말자.

  이건 인스타그램이나 페이스북에서 카드뉴스 형태 글의 첫 장을 뽑을 때도 중요하다. 내 것만 보지 말고 인기 있는 사람들의 것을 계속 봐야 한다. 나는 출판사들의 것은 거의 보지 않는다. 출판사들 중 잘하는 곳도 있고 아닌 곳도 있겠지만, 경쟁은 출판사들끼리만 벌이지 않는다. 영화 소개, 맛집 소개하는 곳을 보면 확실히 그 차이를 알 수 있다. 얌전하면 안 되고 너무 솔직해도 안 되고 너무 평이해도 안 된다. 안 되는 것은 많은데 좋은 게 뭔지 헷갈린다면, 맛집과 영화를 소개해서 '좋아요'를 많이 받는 사람들을 보면 된다. 비슷하게 고양시 맛집, 넷플릭스의 스릴러 영화를 추천해도, 사람들의 반응은 첫 장, 즉 제목에 따라 확실하게 다르다. 그들이 인기 있는 제목의 흐름을 이끈다. 그것을 꼭 따라 할 필요는 없다. 그러나 패턴은 매일매일 체크해야 한다.

트렌드는 변한다,
그 가운데 글쓰기는
한결같다

스토리형 카드뉴스가 북마케팅의 주요한 트렌드가 된 것은 2~3년 정도였다. 내가 일하는 곳은 꽤 빠르게 트렌드에 동참했고 여러 성과를 봤다. 그러다보니 내부 경쟁이 심해졌다. 마케팅팀이 월초에 팀별로 가위바위보를 해서 카드뉴스 업로드 횟수와 요일을 정해야 했다. 외부에서 광고 문의가 올 정도였으니 꽤 잘됐다고 봐야 할 터.

 트렌드는 금방 변한다. 유튜브가 책 소개에도 효과가 좋다는 사실이 공공연하게 알려지면서 마케팅 중심이 유튜브의 명사들로 옮겨졌다. 광고비가 500만 원이 넘는 건 예사였다. 프로모션을 진행하려면 두 달 넘게 기다려야 하는 일이 비일비재했고, 심지어 광고할 만한 책이 아니라는 말까지 듣고 못 한 적도 많았다. 하지만 이것도 잠깐이다. 내가 흥미롭다고 생각한 지점은 블로그가 다시 인기를 끈다는 사실이었다.

블로그가 인기를 끈다는 건 어떤 의미일까. 젊은 층이 일기를 쓰는 데 블로그가 최적화되어 있다, 숏폼에서는 얻을 수 없는 정보가 있다 등의 여러 분석이 있지만 어쨌든 트렌드는 돌고 돈다. 마케터는 그것을 놓치지 않으면서 각각의 것에 맞는 글쓰기를 부단히 해야 한다. 자, 그럼 내년에는 어떨까? 아니, 당장 다음달은 어떨까?

2024년의 마케팅 자료들 중에서 가장 흥미롭게 본 것은 교보문고가 한 해 동안 판매된 책을 토대로 '트렌드가 없는 것이 트렌드'라고 분석한 점이었다. '이런 유행으로 이런 책이 팔린다' '불경기에는 어떤 책이 팔린다'라는 공식 같은 게 있었는데 2024년에는 그런 것이 없었다. 게다가 어떤 분야의 책은 아직도 온라인보다 오프라인 매장에서 더 잘 팔린다는 것도 주목할 지점이었다. 쿠팡으로 주문하면 아침에 배송을 받을 수 있는 것이 당연하게 여겨지는 때에 아직도 굳이 매장에 가서 책을 사는 사람들이 많다는 것이다. 무슨 의미일까. 우연히 서점에 들렀다가 충동적으로 구매할 수도 있고, 책의 모습을 직접 확인한 후에야 구매할 수도 있다. 한마디로 처음부터 '이 책을 사야지!' 하는 생각으로 서점을 찾는 사람은 많지 않을 수 있다는 것이다. 그럴 때 마케터는 무엇을 해야 하는가.

내가 가끔 이 상황을 말하면 통계를 안 본 사람들은 '요즘 누가 매장에서 책을 사요? 할인도 안 되는데' 같은 말을 한다. 나는 이런 말을 하는 마케터는 굉장히 게으르다고 생각한다. 현실감각을 떠나 현실 인식이 아예 없다. 할인도 안 해주는 곳에 굳이 가서 책을 사는 사람들이 있고, 그것이 통계로 잡히고, 누군가는 그에 대한 준비를 하고 있음에도 마케터가 엉뚱한 진단을 하다니. 누구나 실수는 할 수 있다. 다만 노력하지 않아서 생기는 실수는 실수가 아니다. 그건 단점이다.

　　마케터는 오프라인에서 직접 보고 물건을 구매하는 사람에게 끌릴 카피를 계속 고민해야 한다. 또한 그것이 통하지 않는다고 판단되면 '독자가 몰라줘서 그래. 곧 있으면 알게 될 거야' 하는 희망회로를 돌리지 말고 바로 전략을 변경해야 한다.

　『궁극의 아이』라는 책을 마케팅할 때의 일이다. 원고를 읽었을 때, 책이 재밌지만 인지도나 다루는 소재가 어필하기 만만치 않겠다는 생각이 들었다. 그럼에도 야심차게 준비해서 책을 냈는데, 이상할 정도로 매장에서 책이 팔리지 않았다. 내부에서 온라인은 판매되는 흐름이 보이니 좀 기다려보자는 말이 있었지만, 이건 좋지 않은 신호가 분명했다. 책을 다시 만들 수는 없어서 띠지의 카피를 바꾼 후 서점들을 돌아다니며 띠지를 교체했다. 그때 사람들이 우리를 어떻게 볼까 싶었다. 나와 함께 띠지 덩어리를 들고 코엑스, 강남, 그리고 잠실의 서점을 갔던 편집장님이 잠실에서 교체를 마치고 일어날 즈음에 나에게 했던 말이 기억난다. "이거 하면, 사람들이 알아주는 거 맞죠?"라고 물었고, 나는 "지금보다 안 팔리지는 않을 거 같은데요"라고 답했던 거 같다. 그리고 그 책은 노력에 노력을 더해 일 년에 5만 부가 팔리는 책이 됐다.

트렌드는 중요하다. 그것을 분석해주는 자료도 소중하다. 그것을 계속 읽다보면 트렌드는 자주 바뀌며 돌고 돈다는 것을 알 수 있다. 하지만 그 가운데 중요한 것은 한결같이 글쓰기다.

얼마 전에 캐릿과 인터뷰를 한 적이 있다. 그 계기는 카카오톡 플러스친구였다. 트렌드의 변화 속에서 AI라는 단어가 등장할수록 사람들이 인간적인 흔적을 찾는다는 것이 느껴졌다. 그래서 카카오톡 플러스친구에 글을 좀 다르게 썼다. 대단한 것은 아니다. 다들 이벤트를 빵! 알려주거나 할 때, 아주 짧은 문장들을 인사말로 추가했다. 그런데 그것이 꽤 화제가 됐다.

1) 문학동네 카카오톡 플러스는 어떤 식으로 운영하고

계신가요? 보통 다른 브랜드들은 카카오 플러스를 통해 할인쿠폰 푸시를 주로 하는데요. 문학동네는 도서 문구와 함께 담당자님의 인사말이 나가는 형식이라 흥미롭더라고요. ①얼마나 자주 푸시를 하시는지 ②주로 어떤 콘텐츠를 푸시하시는지 궁금합니다!

보통 금요일 저녁에 '문장'을 발송해드려요. 문장은 함께 읽어보면 좋을 콘텐츠로 준비합니다. 읽다가 마음에 들었던 문장이 있으면 그걸 보내드리는 것이 가장 일반적이고요, 그 외에는 눈이 오거나, 날이 많이 춥거나, 월이 바뀌거나, 특별한 일이 있는 날이거나 하면 좀더 의미 있게 읽힐 수 있는 문장들을 보내드립니다. (문장이 보이지 않으면 안 보내드리기도 해요. 11월이나 12월의 어떤 주에는 아무것도 보내지 않았었네요.)

그 외 구독하는 분들이 전원 참여할 수 있는 체험형 프로모션이 있으면 비정기적으로 소개해드려요. 이건 한 달에 1~2회 정도 발행하는 것 같습니다.

2-1) 엑스에서 문학동네의 카카오톡 플러스 사례가 화제 된 거 알고 계신가요? 어떤 점 때문에 화제가 됐다고 생각하시는지 궁금합니다.

평소보다 친구 숫자가 많이 늘어서 알게 됐습니다. 아마도 SNS에서 관심받고 화제가 된 건 전하는 내용들이 광고성이 아니라 책의 글귀와 같은 정보성 내용들이라 받아들이는 분들이 거부감이 없어서 그런 것 같아요. 카카오톡 플러스를 이용하는 기업들이 보내는 걸 보면 '또 광고야?' 하면서 차단하는 경우가 많은데 문학동네 카카오톡 플러스의 경우 두엇을 발행해도 친구 숫자가 줄어들지 않아요. 오랫동안 친구로 계신 분들이 '좋은 정보'라고 소개해주셔서 화제가 된 것 같습니다.

2-2) 문학동네 카카오톡 플러스에서 가장 반응이 좋았던 콘텐츠도 소개해주실 수 있을까요?

콘텐츠에 대한 반응이 조금씩 더 좋아지는 터라 어떤 것이 반응이 가장 좋다고 하기는 애매한 것 같아요.

(확실히 최근에 발송한 것들이 예전보다 반응이 좀더 좋은 것 같습니다.)

채널 운영을 고민하던 때였는데. 비가 많이 와서 빌헬름 게나치노의 『이날을 위한 우산』의 한 문장을 발행한 적이 있어요. "자신의 삶이 하염없이 비만 내리는 날일 뿐이고 자신의 육체는 이런 날을 위한 우산일 뿐이라고 느끼는 그런 사람들이 저희를 찾아옵니다"라는 내용이었어요.

그때는 카카오톡 플러스 친구가 거의 없던 시절인데요. 엑스에 이것을 올려주신 분이 있었고, 그 덕분인지 후로 친구 숫자가 늘기 시작하더라고요. 선거를 앞두고 장강명 작가의 문장을 소개한 적이 있는데 그때도 꽤 화제가 됐습니다. 콘텐츠 방향에 여러 영향을 준 경험이었기에, 인상적인 사례로 말씀드립니다.

3) 카카오톡 플러스를 통한 마케팅 효과를 내부적으론 어떻게 체감하고 계신가요? 카카오톡 플러스로 인한 홍보 효과를 정량적으로 보여줄 수 있는 수치가 있다면

공유 부탁드립니다.
책의 근장 외에 신간 출간 등과 같은 홍보성보다는 모두가 참여할 수 있는 체험단 같은 것을 종종 안내하곤 합니다. 혹은 책을 읽을 때 들으면 좋은 플레이리스트를 소개하기도 하는데요. 이러면 조회수가 100퍼센트 이상 오르기도 해요. 하지만 역시 가장 좋은 건 친구 숫자가 줄어들지 않는다는 것이겠죠. 무엇을 발행해도 문학동네 카카오톡 플러스 친구들은 차단하지 않는다는 건 중요한 의미가 있는 것 같아요.

4) 보통 카카오톡 플러스는 쿠폰이나 이벤트를 통해 채널 추가를 유도하는 경우가 많더라고요. 문학동네의 경우, 콘텐츠 푸시 외에 어떤 방식으로 카카오톡 플러스 채널 추가를 유도하고 계신가요?
작년에 인스타그램을 통해 '이런 게 있습니다'라는 게시물을 올린 적이 있는데요. 그 이후에 다른 방식으로 채널 추가를 유도한 경우는 없습니다. 게시 물을 발행하면 조회수나 공유 현황을 볼 수 있는데요.

공유되고 있는 것들이 많이 보여요. 좋게 말하면
'입소문 효과'로 친구들이 늘어나는 것 같습니다.

**5) 거의 대부분의 브랜드에서 카카오톡 플러스를
운영중인데요, 혹시 운영 꿀팁이나 유의할 점 등을
공유해주실 수 있을까요?**

발행하는 콘텐츠가 얼마나 광고성이냐를 판단하는
것이 중요한 것 같아요. 많은 행위가 광고겠지만, 받는
사람들에게 도움이 될 (광고이면서) 콘텐츠인지,
그래서 그것이 '공유'가 될 만한 것인지를 고민해야
합니다. 문학동네에서 매년 수백 권의 책이 나와요.
그걸 알리고 싶은 마음이 누구보다 크죠. 그렇다고 매번
카카오톡 플러스에서 '신간 출간!'이라고 보낼 수는
없잖아요. 그랬다가는……
구독하는 사람들을 '친구'라고 하잖아요. 소비자가
아니라 친구에게 메시지 보낸다는 마음으로 문구를
생각하면 광고와 콘텐츠 사이에서 고민하는
정도를 좀 줄일 수가 있어요. 꿀팁이라고 해야 할지

> 모르겠습니다만 저는 문구가 고민될 때 친구들이 있는 단톡방에 메시지를 보내봐요. '여기서까지 광고하냐'는 말이 많이 나오면 메시지를 지웁니다.

카카오톡 플러스 친구는 광고성 콘텐츠를 최대한 가리되 "조심히 들어가세요" "이번주도 수고하셨습니다" "눈이 많이 와요, 조심하세요"와 같은 문구들을 추가했고 그날에 맞는 문장들을 보낸다. 본격적으로 카카오톡 플러스 친구를 한 지 1년이 좀 지난 현재 팔로워 숫자는 1만 8천 명이 넘었다. 인터뷰에서 언급한 대로 별도로 비용을 들여 홍보한 것도 없다.

트렌드의 변화를 감지했고, 그것을 글에 반영했을 뿐이다.

오늘부터 플랫폼에서
글쓰기를 한다면
이것을 기억하자 ①

콘셉트와 캐릭터

종종 "블로그를 해볼까요"라고 묻는 사람들이 있다. 나는 무조건 해보라고 한다. 업무시간에 해도 된다는 말도 한다. (블로그뿐만 아니라 SNS든 유튜브든 마찬가지다.) 트렌드가 없는 세상은 곧 무엇이 트렌드가 될지 모르는 동시에 모든 것이 트렌드가 될 가능성이 있다. 그러니 무엇이든 평소에 준비해두면 좋다. 마케터가 블로그를 따 올리는 이유는 현실적으로 쉬워 보이기 때문이다. 유튜브는 영상 편집 같은 기술을 배워야 할 것 같고, SNS는 과시성이 강해서 쉽게 접근하지 못하는 데 반해 블로그는 일기를 써도 되고 독후감을 작성해도 무방하니 상대적으로 수월하다고 생각하는 경향이 있다. 나는 무엇이든 일단 시작해보라고 말하지만 단 하나 단서는 붙인다. 그 플랫폼에서 왜 하는지는 고민해보라는 것.

생각해보자. 『노인과 바다』나 『데미안』같이 여러 판본이 있는 베스트셀러의 번역 같은 것을 찾아보려는 사람들이 있다면 그들은 어디에서 검색할까? 망원 근처나 화정 일대 '찐 맛집'을 찾는 사람은 어디에 접속할까? 여기서 한 단계 더 나아가보자. 초등학교 6학년에게 『삼국지』를 읽혀보고 싶어 인터넷을 찾는 사람은 어디에서 정보를 구할까? 첫번째는 네이버나 엑스에 있다. 두번째는 네이버일까? 세번째도 네이버일까?

나는 요즘 블로그나 SNS를 거의 안 한다. 글쓰기를 안 하는 건 아니다. 최근엔 동네 맘카페를 열심히 드나들고 오픈채팅방에 거의 대부분의 글을 쓴다. 맘카페에서 무슨 글을 쓰고 읽겠냐고 하지만 천만의 말씀. 동네 맛집은 맘카페가 가장 정확하다. 육아 정보는 말할 것도 없다. 아이 키우는 엄마 아빠들은 친절하다. 내가 겪은 비극적인 일을 다른 부모들은 겪지 않기를 바란다.『삼국지』와 같은 책 정보는? 의외로 오픈채팅방이 가장 활발하다. 아침 8시에 서로 인사하더니 새벽까지 계속 이야기가 넘쳐난다. 혹시 그곳에서 쓰는 글들은 '글'이 아니라고 생각하는지? 가장 피드백이 빠른 곳이 그곳이고, 인증이 넘치는 곳이 그곳이다.

나의 개인적인 이야기를 쓰는 이유는 플랫폼에 대한 고민이 부족하다는 안타까움 때문이다. 마케터로 내가 '청소년소설을 소개하고 싶다' '창작동화를 알려주고 싶다' '소설들을 정기적으로 소개해주고 싶다' '시를 특정한 큐레이션으로 알리고 싶다' 등등에 따라 효과적인 플랫폼이 다르다.

여하튼 블로그를 시작하기로 마음먹었다면 이제 해야 할 일은 간단하다. ('블로그로 돈 벌기' 같은 주제의 책들이 많은데 이건 전혀 다른 이야기다. 무기를 만들고 싶은 마케터를 위한 기초이자 필수 단계다.)

- 콘셉트 정하기
- 나의 캐릭터 정하기
- 콘셉트에 따라 매일 3개월 동안 뭐든지 쓰기

    블로그를 개설하고 첫 글을 쓰려고 하면 막막함이 밀려들 것이다. 뭘 써야 할지 모르겠는데 모니터에서 깜빡거리는 커서는 나를 놀리는 것 같다. 그런 마음이 든다는 건 아직 준비가 덜 됐다는 뜻이다. 어려울 게 무엇인가. 쓸 게 없다면 나를 소개하면 된다. 그렇다면 어떤 나를? 설마 '나는 몇 살에 어디 사는 누구입니다', 이런 것을?

    잘되는 블로그를 보면 콘셉트가 명확하다. 그리고 콘셉트가 분명해야 글이 잘 써진다. 만약 내가 주식 책을 주로 다루는 관계기관의 마케터로 블로그를 한다고 생각해보자. 그리고 내 캐릭터를 우리 회사에서 나오는 주식 책의 전도사로 잡았다고 해보자. 만약 이런 사람이 있다면 나는 반대할 것이다. 나라면 사람들이 주식에서 가장 궁금해하거나 관심 있을 정보들을 콘텐츠로 다루며, 그것과 묶어서 읽어볼 만한 주식책을 소개하는 글로 시작하겠다. 좀더 구체적으로 전 국민이 계좌를 만들 정도로 인기를 끌었던 공모주 알리미 같은 건 어떨까. 공모주는 거의 매주 있다. 나는 그 공모주 정보를 매주 소개한다. 그러면서 또 사람들이 많이 찾는 상한가 종목들을 알려준다. 그리고 동시에 도움이 될 주식책을 소개한다. 콘셉트도 명확하고 캐릭터도 분명하지 않은가? 무엇보다 가장 중요한 매일 글쓰기가 가능해진다. (참고로 공모주 블로그 콘셉트는 이미 많다. 그렇다고 포기할 텐가? 그러면 안 된다. 거기에 자신의 캐릭터성을 더하면 검색 상단에 올라갈 수 있다.)

캐릭터성은 콘셉트를 좀더 정교하게, 혹은 사람들이 부담 없도록 만들어주는 과정이다. 만약 시를 소개하는 마케터라고 해보자. '매일매일 시를 읽어드리는 사람' 같은 캐릭터도 가능하겠지만, 나라면 '10년 만에 시 하나 읽었다가 눈물 흘리고, 이제부터 매일 시 읽는 초딩 아빠' 같은 것으로 하겠다. 만약 자기계발 관련 도서를 소개하는 블로그를 운영한다면, 동기부여로 콘셉트를 잡고 '5년 동안 단 한 번도 작심삼일을 벗어나지 못한 K직장인'의 캐릭터를 가져가겠다. 그리고 내가 소개해야 할 책뿐 아니라 자극이 될 법한 명언들을 하루에 하나씩이라도 포스팅하겠다. 이것은 '콘셉트에 따라 매일 3개월 동안 뭐든지 쓰기'를 실천하기 위한 과정이다.

플랫폼에서 글을 쓰는 사람들이 실망하고 글쓰기를 멈추는 경우는 아무도 반응을 안 해줄 때이다. 그것이 일주일 동안 계속될 수도 있고 한 달 동안 이어질 수도 있다. 이런 경험으로 괴로워하는 사람들에게 나는 농담처럼 '곰도 100일 동안 마늘과 쑥을 먹어서 사람이 되었다'고 말한다. 글 하나 썼다고 갑자기 방문자가 1천 명, 1만 명이 들어오는 일은 거의 없다. 매일, 꾸준히 하는 것이 중요하다. 그것이 쌓이고 쌓여야 내 글에 대한 신뢰가 생기는 법이다. 마케터라면 더욱 이 생각을 해야 한다. 스토리형 카드뉴스를 만들 때, 혹은 어떤 글을 쓸 일이 있을 때, 나는 동료들에게 100번 시도해서 한 번 잘되면 충분하다고 말한다. 무모하게 계속하다가 한 번이라도 걸려라 하는 마음이 아니다. 잘되는 한 번, 잘 안 되는 99번을 비교할 수 있는 순간이 오기 때문이다. 최소한 지금 하고 있는 글쓰기가 제대로인지, 누군가에게 영향을 줄 만한지를 확인하려면 최소 100일은 꾸준히 해야 한다. 100일 뒤에도 아무도 내 글을 읽지 않는다면? 그럼 그때 콘셉트를 다시 잡고 새롭게 시작하면 된다. 최소한 100일은 꾸준히 하고 새롭게 할지, 관둘지를 판단하자. 다만 경험으로 보면, 100일이면 누군가 영향을 받는다. 그게 한 명일지라도 통계를 보면 나온다.

오늘부터 플랫폼에서
글쓰기를 한다면
이것을 기억하자 ②

어그로는 금물

사람들은 누구나 욕망이 있다. 내 글을 1천 명이 본다면 어떨까? 어떻게든 1천 명이 들어왔을 때, 그들을 상대로 내가 마케팅하는 것을 홍보할 수 있다면 어떨까? 글쓰는 마케터는 언젠가 꼭 이 고민을 한다. 나도 그랬고, 동료들도 그랬다.

한때 독특하게 글쓰던 사람이 있었다. 네이버 인기 검색어가 바뀔 때마다 거짓말처럼 그것에 맞춰 글을 써서 올리는 사람이었다. 굉장히 빠르게 작성하기에 검색 상단에 자리잡을 때가 많았다. 나도 몇 번 그 글을 봤다가 더이상 클릭하지 않았다. 그 글은 전형적인, 어그로성 글이었다. 예를 들어 김연아가 극적으로 우승했다고 해보자. 그 우승의 과정을 아주 짤막하게 설명하고 "우승 축하합니다"라고 하면서 김연아에게 추천하고 싶은 책을 언급한다. 축구 국가대표가 패배한 날에 그들의 경기 결과를 속보처럼 알리면서, 상심한 이들에게 선물하고 싶은 책을 소개하기도 한다. 그런 날 블로그 방문자는 5천~1만 명이 된다. 과연 성공적인 글쓰기인가? 숫자의 함정에 빠져서는 안 된다. 블로그는 방문자 수가 중요하지만 그보다 중요한 것은 얼마나 공유되는가이다. 그래서 판매까지 이어지는가이다. 그이가 소개하는 책의 판매지수를 기록해두고 다음날 결과를 봤다. 변화는 0이었다. 아무도 그 글을 보고 책을 사지 않았다. 공유 역시 전혀 이루어지지 않았다.

콘텐츠가 중요하다. 그리고 그것을 있는 그대로 보여주면 된다. 굳이 어그로성 글로 어떻게든 시선을 끌려고 할 필요가 없다. 네이버 카페에서 활동하는 사람들은 '구독자'라는 것이 있다. 맘카페도 마찬가지겠지만, 특정 커뮤니티의 구독자가 1천 명, 1만 명이 넘어가는 경우가 있다. 1만 명 구독자를 보유한 블로거보다 어쩌면 더 큰 영향력을 지닌 사람이라고 생각하는데, 그 이유는 그들의 글은 게시되자마자 조회수가 올라가기 때문이다. 그들의 글을 보면, 어그로성이 없다. 어디서 퍼온 유머도 없다. 자신의 콘텐츠를 있는 그대로 보여줄 뿐이다.

그래도 무플보다 악플이 낫다는데 어그로성 글로라도 일단 사람을 끌어들이면 좋지 않겠느냐고? 혹시 그런 생각이 든다면 커뮤니티에서 바로 확인해보시기를. 예컨대 미국 주식카페에 '트럼프가 중요한 정책 발표했네요. 비트코인 올라갑니다'라는 제목으로 글을 써보자. 실은 제목과 달리 '비트코인 올라가기를 희망하며 트럼프를 지지합니다. 참, 비트코인의 역사를 소개한 이 책 아시나요? 어쩌고, 저쩌고라는 책인데요'라는 내용의 글이다. 한 시간 내에 이 글을 읽는 사람들은 1천 명, 아니 2천 명이 넘어간다. 어쩌면 3천 명이 넘어갈 수도 있다. 하지만 당신의 글을 구독할 사람들은 절대 늘어나지 않을 것임을 확신한다. 차단당하는 숫자는 그만큼 늘어날 것도 확신한다.

만약 방문자부터 늘리고 싶다면 요즘만큼 어그로성 글을 올리기 좋은 때도 없다. '정치인 ○○○를 지지하는 이유' '정치인 ○○○을 처단해야 하는 이유'를 몇 번 써보자. 방문자는 확실하게 늘어날 것이다. 자, 그런 사람들이 모인 상태에서 제품을 소개할 자신이 있는가? 에세이를, 시집을, 인문책을, 계간지를 권할 수 있는가?

사수가 나에게 했던 많은 말 중에, 어느 말은 지금도 일할 때 종종 떠올린다.

"찝찝하면 하지 말아라."

찝찝한 글은 쓰지 말자. 찝찝한 데에는 다 이유가 있다.

오늘부터 플랫폼에서 글쓰기를 한다면 이것을 기억하자 ③

질문이 중요하다

자신의 글을 쓰겠다고 생각하는 사람이라면 질문을 유도할 수 있어야 한다. 글을 보고 질문한다는 건, 내 글에 대해 신뢰를 느꼈기 때문이다. 예를 들어 시집에 대한 글을 썼는데, '제 마음이 이런데 이럴 때 읽을 만한 시집이 뭐가 있을까요?'라는 질문을 받았다고 하자. 이건 내가 다루는 콘텐츠에 대한 믿음이 있기에 가능한 질문이다. 사람들은 아무한테나 질문하지 않는다.

 출판계를 한창 뜨겁게 달구었고 지금도 추리소설에서 큰 인기를 자랑하는 히가시노 게이고의 A라는 신작을 마케팅한다고 해보자. 히가시노 게이고의 신작들은 대부분 놀라울 정도로 '최신작'을 강조하거나 '작가의 말'을 빌려 작가가 가장 인정하는 작품이라고 홍보한다. 마케터들도 보도자료에서 뽑아낸 듯 이런 식의 홍보글을 많이 쓰는데 이건 아쉽게도 질문할 내용이 없다. 최신작이고 작가가 가장 좋다고 말했다는데, 무슨 질문을 할 수 있을까?

하지만 A라는 신작을 "분위기는 『백야행』특유의 음침함을 닮았지만 미스터리적인 성격은 『용의자 X의 헌신』을 이을 만큼 반전이 뛰어나다. 무엇보다 마음에 드는 것은 『나미야 잡화점의 기적』과 『붉은 손가락』을 잇는 감동적인 포인트가 있다는 것. 이 정도면 히가시노 게이고의 3대 대표작이라고 불리는 리스트를 바꿀 만하다"라고 소개한다면? 맞다, 질문을 받게 된다. 첫 번째 질문은 '3대 대표작이 뭔가요?'라는 것, 두번째 질문은 '진짜 그 정도예요?'라는 것이다.

내가 가장 안타깝게 생각하는 글이 시종일관 '이게 최고야!' '이게 제일 좋아'만 외치는 글이다. 책이 아니라 영화나 맛집으로 생각해보자. 어떤 영화를 평하는데 처음부터 끝까지 '이 영화 최고예요' '내 인생 최고의 영화!'라고 쓰면, 평론가 이동진이 아닌 이상 독자에게 어필할 가능성이 없다. 맛집의 경우는 어떨까. 맛집의 경우 소개글을 보고 '언제 가요 웨이팅이 적어요?'라는 질문이 있으면 좋은 글이다. 혹은 글쓴 사람에 대한 질문도 좋다. '맛집 소개 왜 이렇게 열심히 해요?' '맛집 기준이 뭔가요?' 관심이 있기에 나오는 질문들이다. 사람들은 똑똑하다. 이것이 홍보일 수 있다는 사실은 많이들 알고 있다. 그럼에도 질문할 수밖에 없는 것이 있고, 그렇게 질문을 끌어내면 성공한 글이다.

한창 블로그를 할 때, 언론사 기자에게 전화를 받은 적이 있다. 회사 직원을 통해 내 연락처를 알아낸 모양이다. 그 기자는 내 블로그를 봤다며 '책을 진짜 그렇게 읽냐?'고 물었다. 책을 매일 소개하는 일이 꽤 신기했던 모양이다. (유감스럽지만 영화나 맛집 리뷰를 쓰는 사람들에 비해 책은 그런 사람이 많지 않아서 그랬던 거 같다.) 통화가 끝날 때쯤, 기자가 조심스럽게 물어보고 싶다는 것이 있었다. 나는 간혹 이렇게 글쓰면 회사에서 따로 인센티브를 주냐는 질문을 자주 받아서, 아니라는 답을 준비중이었는데 질문이 좀 의외였다.

"이렇게 읽으면서, 연애는 하세요? 아니, 시간이 없을 것 같아서."

굉장히 크게 웃었던 기억이 난다. 아마도 내가 성공했다고 느낀 질문이 아니었을까 싶다.

마케터가 그런 거까지
해야 하나요?

네, 그리고 이런 것도 해야 합니다

종종 취업준비를 하는 분들을 만날 일이 있다. 한 시간 정도 출판마케터가 무슨 일을 하는지 구체적으로 설명하고, 질의응답을 하면 자주 받는 질문은 이것이다. "마케터가 그런 것도 해야 해요?"

나는 마케터라면 콘텐츠가 있어야 한다고 믿는데 책을 활용할 줄 아는 능력, 그것이 곧 마케터의 중요한 콘텐츠라고 생각한다. 글쓰기뿐만 아니라 업무적으로도 마찬가지. 이것을 느낀 몇 가지 사례가 있다.

출판사에서 북카페를 운영할 때, 명동점에 있는

카페꼼마 업무에 참여한 적이 있다. 그때 내가 중요하게 생각했던 지점은 '콘텐츠를 어떻게 보여줄 것인가'였다. 이곳은 인근에 서점이 없다. 대표적인 관광지인 이곳에서, 바쁜 사람들의 일상에 책을 보여주기 위해서는 '하나의 문구'가 필요하다고 생각했다. 이를 위해 맞춤형 책 제목들로 큐레이션과 콘텐츠의 방향을 잡았다. '별들 사이에 길을 놓다'나 '너의 아름다움이 온통 글이 될까봐'와 같은 제목을 통해 메시지를 전달하려고 한 것이 대표적인 경우다.

어느 날 북카페에서 연락이 왔다. 대기업의 임원이라는 분이 진열된 책과 카피를 보고 담당자를 만나보고 싶다며 번호를 남겨놓고 갔다는 것이다. 번호는 포스트잇에 적혀 있었다. 대기업 임원이 혼자 북카페에 와서 커피를 마시다가 카피들에 감탄해서 번호를 남겼다? 너무 코미디적인 일이 아닌가 싶었지만, 네이버에 이름을 검색해보니 맞았다. 한 회사의 부사장이었고 나는 얼마 뒤 양재 사무실에서 그분을 만났다.

양재 일대가 한눈에 들어오는 사무실에서, 그분

은 콘텐츠를 보여주는 방법에 대해 물었다. 한 시간쯤 대화를 나눴는데 마치 면접을 본 기분이었다. 얼마 후 그 회사 직원들에게 연락이 와서 업무를 함께하게 됐다. 그때 코로나19가 오지 않았다면 전국 매장에서 대단히 멋진 프로모션들을 할 수 있었을 텐데 두고두고 아쉽다. 그럴더라도 콘텐츠를 알아봐줘서 그런지, 이후 김연수 작가의 책으로 프로모션을 했고 그것이 꽤 화제가 됐다. 한동안 면접 때 좋았던 마케팅으로 그 사례를 말한 사람들이 여럿 있어서 여러모로 기억에 남는다.

지금은 시집이 젊은 독자들에게 인기를 끌면서 큰 사랑을 받지만 몇 년 전에는 그렇지 않았다. 출판사는 시리즈를 론칭했지만 이미 시집으로 유명한 출판사들에 비하면 후속주자라 시장에서 자리잡기가 녹록지 않았다. 하지만 콘텐츠에 자신이 있는 단큼 서점이 아닌 다른 곳에서 시집을 보여줘야겠다고 마음먹었다. 그 다른 곳이란 바로 편의점이었다.

2010년 초반까지 편의점에서도 책을 팔았다. 지

금은 책이 보이지 않는 이유는 워낙에 안 팔리니 수익성 문제가 생겼기 때문이다. 그런데 편의점에서 시집을 팔자고 하면 누가 응해줄까? 그리고 무엇보다 가장 큰 문제는 이것이었다. 편의점 본사 사람들이 문학동네를, 문학동네시인선을 모른다면? 나를 모르는 사람에게 나를 설명하는 글쓰기를 해야 한다면? 앞서 말했듯 어려워 보이는 일이지만 원칙만 지키면 된다. '나는 이것을 원한다' '나는 이것을 해줄 수 있다' '그러기 위해서 당신은 이것을 해주면 된다', 그럼 이런 일이 생길 것이다.

이마트24와 문학동네시인선 특별판 제작도 그렇게 시작했다. '출판사 시집들을 편의점에서 팔고 싶다'가 아니라 '출판사 시집을 당신들이 원하는 형태로 만들어 편의점에서 잘 팔리도록 만들어보겠다, 다른 곳에는 없는 희귀한 상품을 판매할 기회를 만들어주겠다'로 접근했다. 그래서 기존 시집의 리커버를 진행하되, 표지 방향은 편의점에서 잘 팔리는 초콜릿과 사탕 종류를 연상시키도록 잡았다. 시집은 5천 세트 가까이

제작했고, 전국의 이마트24에서 판매되기 시작했다. 문학동네 커뮤니티에 책 찾아 이마트24 지점들을 돌아다녔다는 글, 편의점 직원이 시집인 줄 몰라서 직접 초콜릿들 사이에서 찾아 구매했다는 글들이 여럿 올라오기 시작했다. 히트였다. 매출은 약 5천만 원.

마케터의 콘텐츠는 창작자처럼 생산하는 것이 아니다. 콘텐츠를 잘 활용해서 새로운 것을 보여주는 것이 마케터의 콘텐츠다. 많은 사람들이 카드뉴스의 문구 때문에 끙끙거린다는 말을 한다. 창작을 하려고 하면 이런 일이 생긴다. 있는 것을 활용해서 쓸 줄 알아야 한다. 오히려 그것이 제품과 책을 더 빛나게 해준다.

글쓰기를 좀더 풍성하게, 콘텐츠를 좀더 다채롭게 만드는 법

만약 누군가 글쓰기를 좀더 풍성하게, 콘텐츠를 좀더 다채롭게 만드는 법에 대해 질문을 한다면, 나는 앞에서 말한 것들을 정리해 이렇게 답하고 싶다.

필사를 시작하자

요즘 필사가 유행이다. 인기 있는 책들로 시작하는 것도 좋지만, 문장을 하나씩 따라 쓰는 것보다는 소설이나 에세이 전체를 따라 쓰는 것을 추천한다. 내가 김훈과 신형철의 글을 필사하며 느낀 것이지만 (이것이 좀 더 손이 아플 수 있지만) 책 전체를 옮겨 적을 때 글을 어떻게 써야 잘 읽히는지를 알 수 있다. 명언을 외우며 마음의 안정을 얻는 것도 좋지만, 마케터라면 좀더 다른 것을 추천한다.

글감을 모으자

책을 읽든 영화를 보든 이것이 '적절'해 보인다면, 언젠가 '내가 쓸 수도 있겠다'라는 생각이 든다면, 혹은 '내가 인용할 수도 있겠다'라는 생각이 들면 고민하지 말고 기록해두자. 여기서 중요한 것이 하나 있다. 내가 모아둔 글감을 다른 사람들도 많이 인용하는지 검색해보는 일이다. 사람 마음은 다 똑같다. 내가 이 시집에서 이 부분이 정말 좋다고 생각해 메모했는데, 누구도 그것을 언급하지 않고 있다면? 다른 글감을 모아두는 것을 추천한다.

잘 쓰는 사람들의 글을 따라 써보자

엑스에서 보면 짧으며 또한 문장도 단조로운데, 매번 RT를 일으키는 사람들이 있다. 그들의 글을 짧고 평이하다고 폄하해서는 안 된다. '이런 거 나도 쓰겠다'라는 생각 말고, 그들이 쓰는 것들을 따라 써보자. 트렌드에 반응하는 것들을 무시하면 안 된다. 뒤늦게 따라갈수록, 후회하는 시간이 길어진다.

자신의 분야 밖으로 눈을 돌려보자

필수다. 출판 마케터라고 해서 출판사들 계정이나 북스타그래머, 혹은 북튜버들의 콘텐츠만 보는 경우가 많은데 그보다는 눈을 밖으로 돌릴 필요가 있다. 내가 몸담고 있는 출판계를 폄하하는 것은 결코 아니지만 맛집이나 영화, 드라마 쪽에 대한 사람들의 관심이 절대적으로 크다. 그곳이 사람들을 움직이게 하는 글쓰기가 잘되어 있고 콘텐츠를 활용하는 솜씨도 능수능란하다. 내가 담당하는 책의 경쟁사가 출판사의 다른 책이라고 생각하지 말자. 출간 시기에 나오는 영화일 수도 있고 드라마일 수도 있다.

백 번 중 다섯 번만 성공해도 충분하다

한두 번 써서 효과가 없으면, 심지어 열 번 써서 효과가 없으면 내가 소질이 없는 것 같다고 생각하는 경우가 많다. 아니다. 글쓰는 사람들이 세상에 얼마나 많은가. 유튜브 하는 사람들을 레드오션 중에 레드오션이라는 말을 많이 하는데 글쓰기는 그보다 더하다. 장비 없어도 쓸 수 있는 것이 글쓰기다. 쓰는 족족 효과가 나올 리 없다. 백 번에 다섯 번만 나와도 충분하다. 그러니 조급하게 생각하지 말기를. 그래도 의심하는 마음이 든다면 조앤 롤링이나 지금 스타가 된 작가들을 떠올려보자. 조앤 롤링은 '해리 포터' 원고를 수십 번이나 퇴짜 맞았다. 요즘 대세라고 불리는 작가들도 쓰자마자 인정받은 경우는 거의 없다. 그들도 등단하기까지 시간이 걸렸고 그후에도 계속 쓰기를 지속했다. 그리고 쓰는 족족 인기를 얻지도 못했다. 세상 인심이 그렇다. 그 과정에서 한두 번 성공하면 된다. 그것이 쌓이면 된다.

지나치게 과장하진 말자

어떤 블로거가 '오늘 먹은 이 짬뽕은 전국 짬뽕집 Top 3에 들어갈 법하다'라고 썼다고 해보자. 그렇다면 근거가 궁금할 것 같다. 또한 질문이 생긴다. 전국 짬뽕집 Top 3는 뭘까? 그런데 글에는 전혀 그런 내용이 없다. '맛있다' '최고다' '너무 좋아'라는 말만 있다. 이 글을 신뢰할 수 있을까? 그 짬뽕집을 기억할 수 있을까?

누군가 인스타그램에 신인작가의 역사소설이 조정래의 『한강』 『태백산맥』만큼이나 재밌다고 썼다고 해보자. 첫번째로 글쓴이가 조정래 소설의 어떤 부분이 재밌다고 느꼈는지 궁금해질 것이고 두번째로 얼마나 방대한 세계관을 생동감 넘치게 그렸는지, 그리고 우리에게 감동을 줄 것인지 궁금해질 것이다. 그런데 글에서 그런 것이 보이지 않는다면?

내가 어처구니없다고 느낀 글들이 있다. 판타지 소설을 소개할 때는 꼭 '해리 포터'를 언급하며 그보다 재밌다라고 자부한다. 자아성찰을 하게 돕는 책이면 파울로 코엘료의 『연금술사』보다 대단하다고 한다. 추리소설이 나오면 '히가시노 게이고의 Best 5'라고 불리는 소설들을 합친 것보다 반전이 엄청나다고 한다. 근거 없이 그런 것을 쓴다. 일종의 어그로성 글이고, 그런 글은 잊힐 수밖에 없다. 근거가 없다면, 과장해서 쓰지 말자. 오래 못 간다.

성실함을 이길 수 있는 건 없다, 꾸준히 써라

게임 용어에 '물량에 장사 없다'는 말이 있다. 초반에 전략적으로 승부를 내서 이기는 경우가 있어도 후반에 들어가면 물량이 깡패가 된다. 나는 글쓰기도 그렇게 생각한다. 글쓰기는 성실함이 필수다. 매일매일 쓰는 사람이 이긴다. 블로그 방문자를 보더라도 매일매일 써야 그 수가 유지된다. 꾸준히 써야 글을 구독하는 사람들이 늘어난다. 예외를 딱 한 번 봤다. 일주일에 한 번 정도, 책을 아주 독하게 구절구절 비판하는 블로거였다. 콘셉트가 그랬던 것 같다. 글이 올라오면 조회수도 폭발적으로 늘어나고 댓글도 수백 개가 달렸다. 하지만 오래 못하고 결국 사라졌다.

영화 리뷰하는 블로거들을 보라. 영화를 보는 족족 쓴다. 그 영화가 다 감명 깊어서 그럴 수도 있지만, 성실함이 얼마나 중요한지 알기 때문이다.

나는 읽은 책이 마음에 들지 않으면 절대 관련 글을 쓰지 않았다. 굳이 내가 '이 책 진짜 별로다!'를 쓰기에는 시간이 부족해서 그럴 바에는 차라리 다른 책을 찾아 읽는 편이 낫다고 생각했다. 그러다 보니 종종 읽은 책을 다 좋다고 말하는 거 아니냐는 오해를 받기도 했지만, 이건 어쩔 수 없었다. 내 성향이 그랬고 내 콘셉트도 그랬다. 문제는 그런 기간이 오래 이어질 때였다. 방문자가 줄어드는 것이 통계로 보였다.

그때 나는 『황석영의 한국 명단편 101』에 수록된 단편을 하루에 하나씩 읽고 메모를 썼다. 100일 정도 챌린지 형식으로 진행했다. 좋은 건 좋다고 하고 그게 아니면 문장을 짧게 쓰기라도 했다. 흥미로운 건 댓글 같은 것은 별다른 변화가 없었는데 방문자가 꾸준히 늘어나고 읽는 사람이 많아졌다는 점이다. 블로그 콘셉트에 맞는 글을 성실하게 쓰는 중에 마케팅적인 글을 쓴다면? 확실히 갑자기 한두 번 쓰는 것보다 더 좋다. 꼭 기억해두시기를, 성실함 앞에 장사 없다.

글 하나로
마음을 움직인다는 것

일하면서 간혹 내가 생각지도 못했던 누군가의 글쓰기를 보고 감동한 적이 많다. 최근에는 함께 일하는 동료의 글이었다. 정치 문제가 시끄러울 때, 사람들이 헌법을 찾기 시작했다. 상대적으로 문학책은 외면받았고 그것이 당연하게 여겨졌다. '이런 때에 누가 소설과 시를 읽을까' 하는 자조적인 농담들이 자연스럽게 오갔다.

    후배가 혼자 세계문학전집에서 이런 시대에 전하면 좋을 문장들을 정리해서 말했다. 좀 많이 놀랐다. 나는 절대 생각하지 못했던 것. 하지만 이건 부끄러운 일이 아니다. 나는 그것을 좀더 확대해야 한다고 생각했다. 그때부터 회사 계정을 통해 문학, 인문도서들의 문장들을 발행했다. 나 역시 카카오톡 플러스 친구에게 그것을 보냈다. 그때 SNS에서 사람들이 출판사가 문학으로 투쟁한다며 지지한다는 선언을 많이 했다. 어떤 대단한 의지를 갖고 시작한 것이 아니었다. 마케터 한 명이 글감을 잘 모아서 글을 쓴 것이 이런 일을 일으켰다. 이런 모습을 보면 꽤 자극을 받는다. 마케터의 글 하나가 사람들을 움직일 수 있다는 건 확실히 놀라운 일이고, 나 역시 충분히 그것을 할 수 있다는 생각을 하니까.

글을 쓰자, 그것을 위해 글감을 모으자, 어렵다면 남이 쓴 글을 따라 쓰며 배워보자. 이것이 당장 대단한 결과를 만들어주지는 않는다. 하지만 마케터라면 결코 외면해서는 안 된다. 대단한 것을 이루어주지는 않지만, 그것을 향한 가능성을 만들어주니까. 이제, 진짜 시작하자.

20년 차 문학동네 마케터의 영업비밀
마케터의 팔리는 글쓰기

초판 1쇄 발행일 2025년 9월 10일

지은이 정민호
발행인 이광호
편집인 김인호
책임편집 이연실
편집 고아라
디자인 강혜림

발행처 한국출판인회의
등록 2005년 5월 4일 제2005-000094호
주소 서울시 마포구 동교로22길 44(서교동)
전화 02-3142-5808
팩스 02-3142-2322
홈페이지 www.sbin.or.kr
이메일 sbi@sbin.or.kr

ⓒ 정민호, 2025
ISBN 978-89-91691-62-9 03100

- 책값은 뒤표지에 있습니다.
- 파본은 구입하신 서점에서 교환해드립니다.
- 이 책은 저작권법에 의하여 보호를 받는 저작물이므로 무단 전재와 복제를 금합니다.